本書の特長&使い方

① 教科ごとの番号

② 単元の名前

③ 学習日

④ 点　数

１回目と２回目があります。

⑧ チェックボックス

まちがえた問題には
✔チェックを入れましょう。

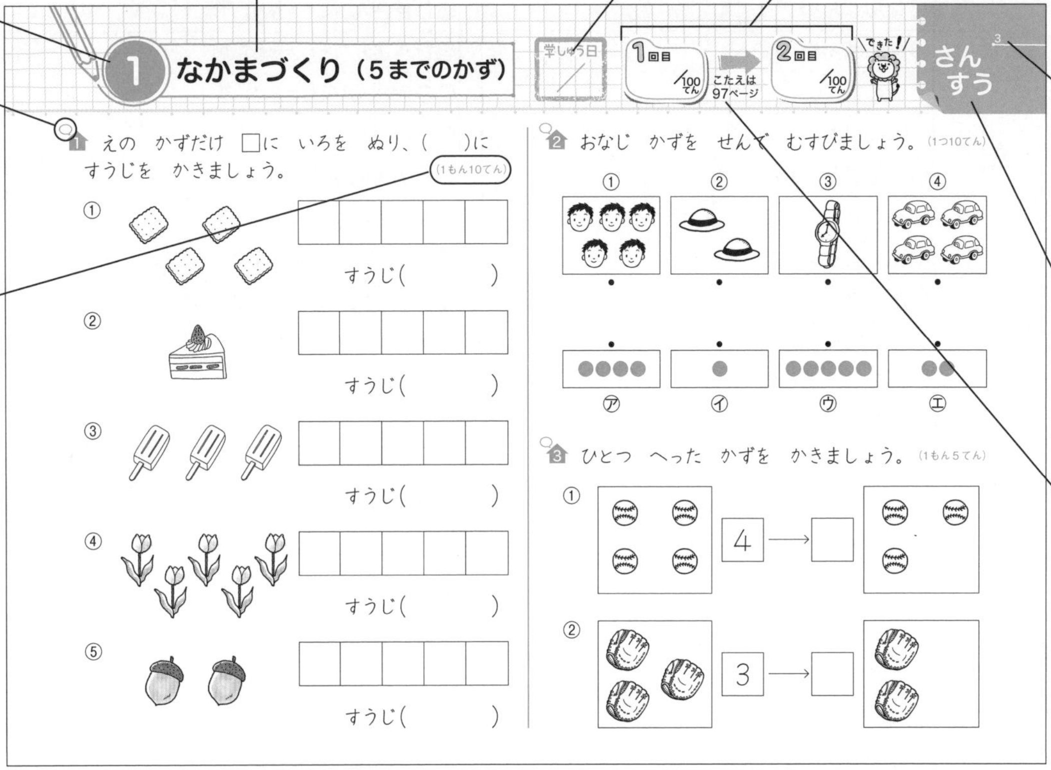

⑤ ページ番号

このドリル全体の通し番号です。

⑨ 配　点

問題ごとの点数を書いています。
基本的に記号１つあたりで点数がつくように配点しています。

⑥ 教科名

⑦ 解答ページ

この問題の解答があるページです。

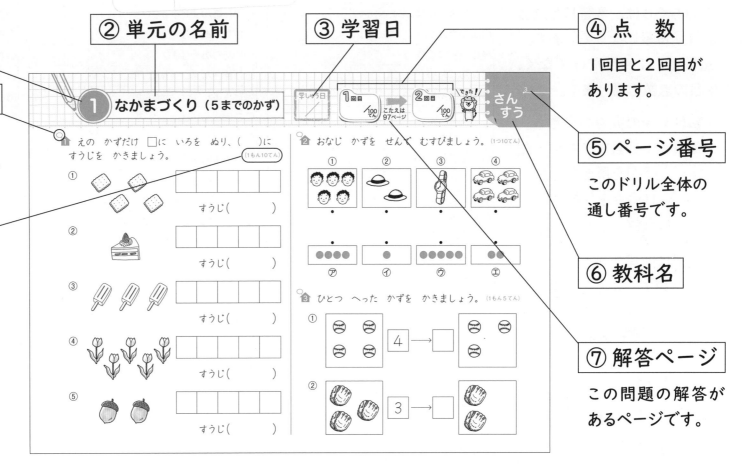

１回１枚、切り取って使える！

各教科１回１枚ずつ取り組むと、約１か月で予習・復習できます。

苦手がわかる、チェック式！

まちがえた問題にチェックを入れると、苦手を知れて対策できます。

やさしく学べて、成績アップ！

教科書レベルの内容が、しっかり身につきます。

両面に問題を収録！ 問題数NO.1！（※当社比）

学期や学年末の総まとめとして、さまざまな問題に取り組めます。

もくじ＆点数表

このもくじは、学習日と点数を記録する表になっています。

点数は、１回目だけでなく、２回目の点数も書けます。

１回目：今の実力の点数
２回目：１回目でまちがえた問題を解きなおし、100点を目指した点数

２回目は解答を確認しながらでもいいので、まちがえをそのままにせず、解きなおしをして苦手をなくしましょう。

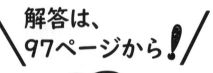

解答は、97ページから！

1 なかまづくり（5までのかず）

学しゅう日　／

1回目　／100てん　2回目　／100てん　できた！

こたえは97ページ

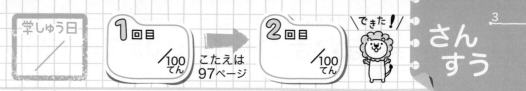

1 えの　かずだけ　□に　いろを　ぬり、(　　)に　すうじを　かきましょう。（1もん10てん）

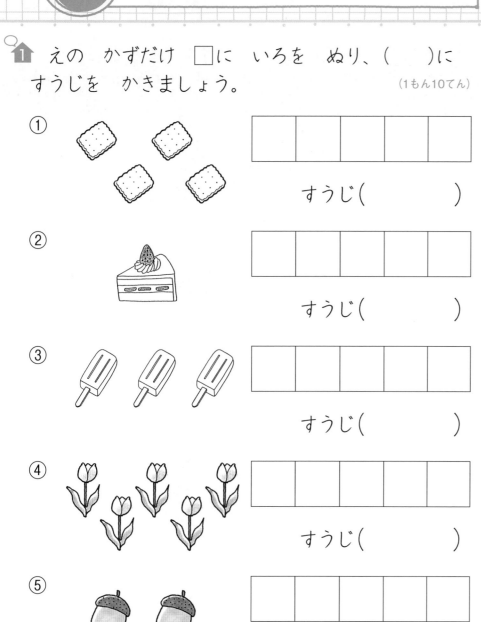

①
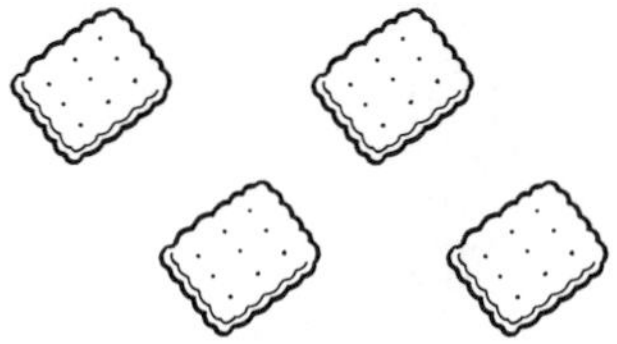
□□□□□
すうじ(　　　　)

②

□□□□□
すうじ(　　　　)

③

□□□□□
すうじ(　　　　)

④

□□□□□
すうじ(　　　　)

⑤

□□□□□
すうじ(　　　　)

2 おなじ　かずを　せんで　むすびましょう。（1つ10てん）

① 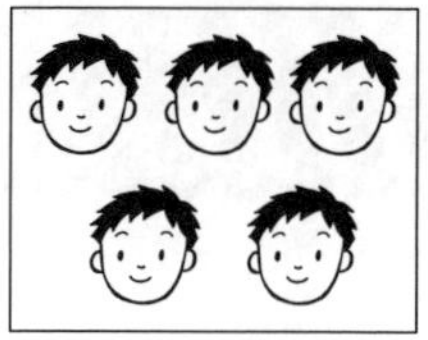 ・
② 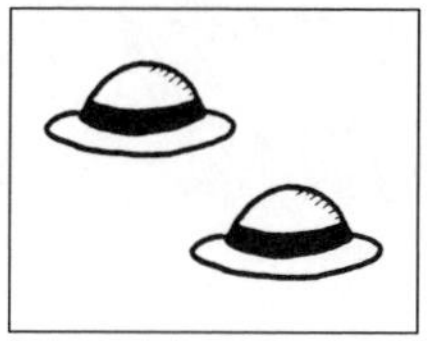 ・
③ 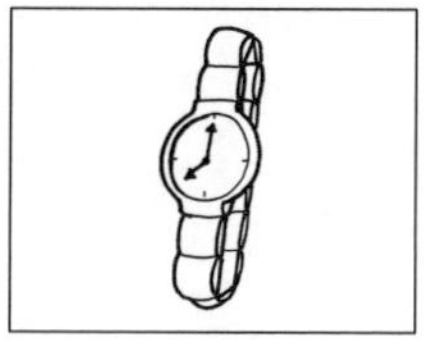 ・
④ 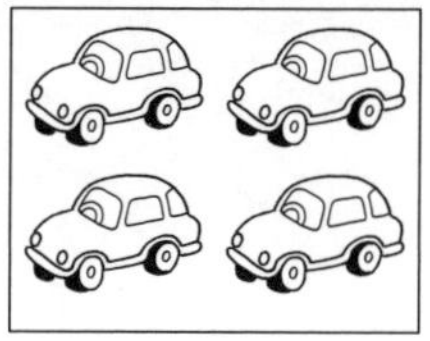 ・

・ 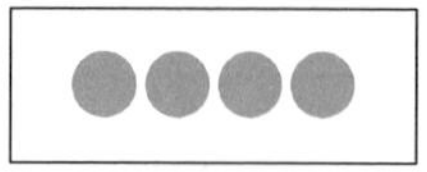 ㋐
・ 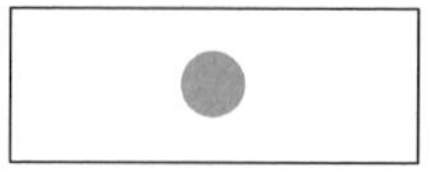 ㋑
・ 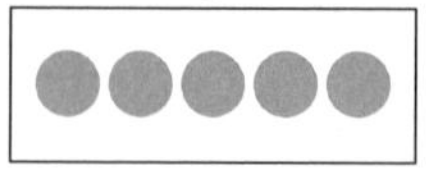 ㋒
・ 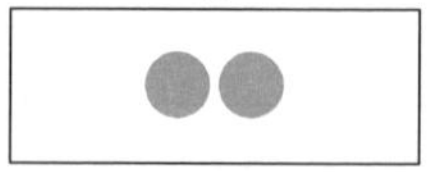 ㋓

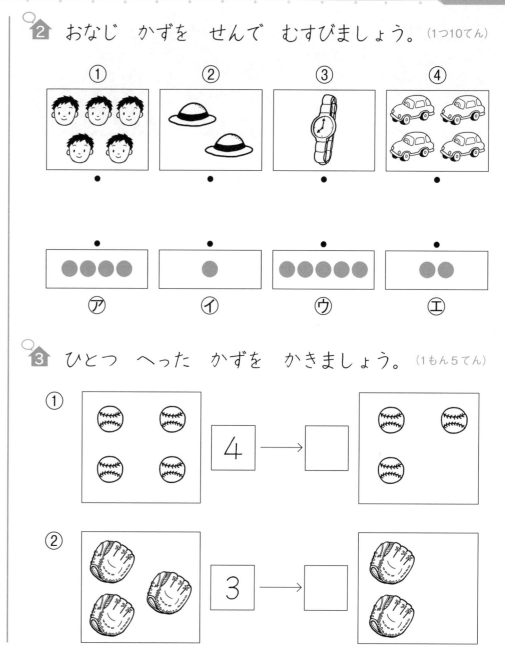

3 ひとつ　へった　かずを　かきましょう。（1もん5てん）

① 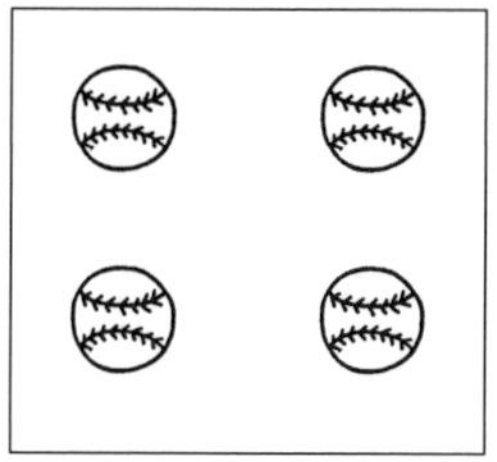 4 → □ 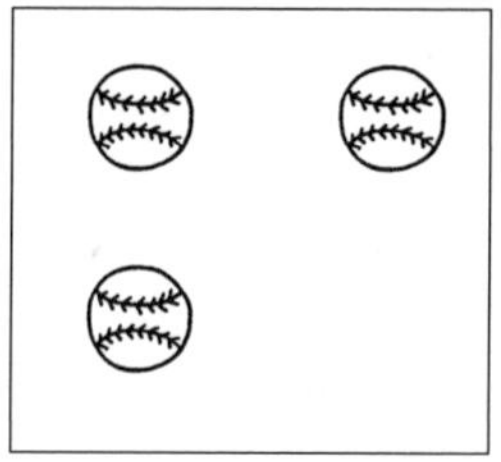

② 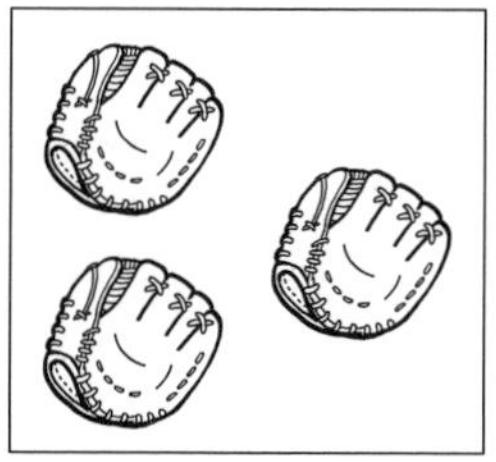 3 → □ 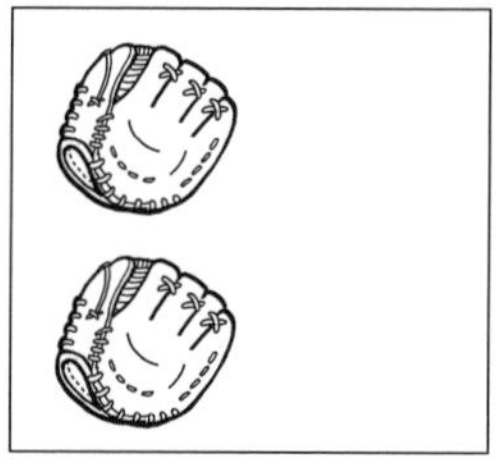

2 なかまづくり（10までのかず）

学しゅう日　／

1回目　／100てん　→　2回目　／100てん　できた！

こたえは97ページ

1 おなじ　かずを　せんで　むすびましょう。（1つ5てん）

① 

② 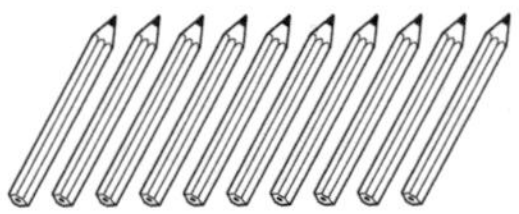

③ 

㋐ 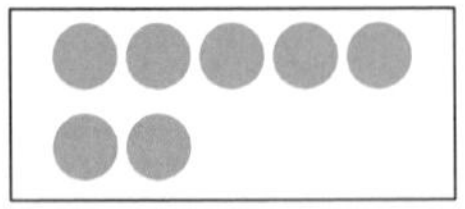

㋑ 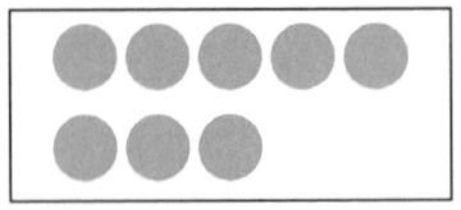

㋒ 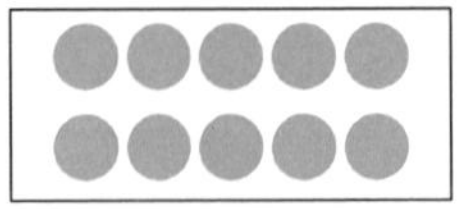

2 タイルの　かずを　かぞえて　すうじを　かきましょう。（1もん7てん）

① □□□□□□……………すうじ（　　）

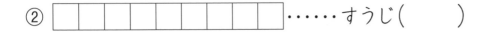

② □□□□□□□□□……すうじ（　　）

③ □□□□□□□…………すうじ（　　）

④ □□□□□□□□………すうじ（　　）

⑤ □□□□□□□□□□…すうじ（　　）

3 へった　かず、ふえた　かずを　かきましょう。（1もん10てん）

① 1つへったかず　□ ← 6　　1つふえたかず　6 → □

② □ ← 1　　1 → □

③ □ ← 5　　5 → □

④ □ ← 8　　8 → □

⑤ □ ← 3　　3 → □

3 なかまづくり ①

学しゅう日　／

1回目　／100てん　こたえは97ページ　2回目　／100てん　できた！

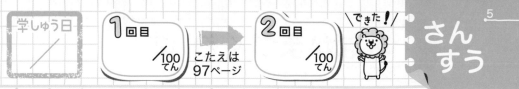

1 なかまの　かずを　かぞえ、おなじ　かずだけ　○に　いろを　ぬりましょう。（1もん20てん）

※　1つ　かぞえたら、えに　×を　つけましょう。

① チューリップ　○○○○○　○○○○○

② みつばち　○○○○○　○○○○○

③ てんとうむし　○○○○○　○○○○○

2 えを　みて、もんだいに　こたえましょう。（1もん20てん）

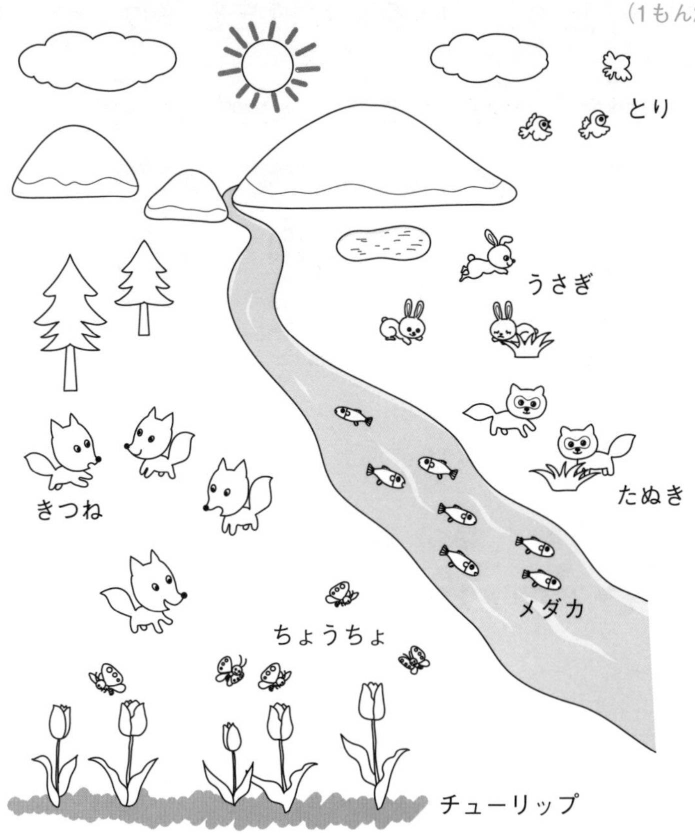

① いちばん　かずが　おおい　どうぶつの　なかまは　なんですか。（　　　　）

② いちばん　かずが　すくない　どうぶつの　なかまは　なんですか。（　　　　）

4 なかまづくり ②

学しゅう日　／

1回目　／100てん

こたえは97ページ

2回目　／100てん

できた！

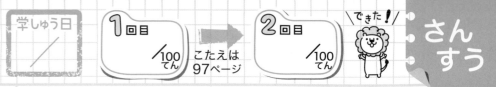

1 せんを　ひいて　かずを　くらべて、かずの　おおい　ほうに　○を　つけましょう。（1もん10てん）

①

（　　）

（　　）

②

（　　）

（　　）

③

（　　）

（　　）

④

（　　）

（　　）

2 おおきい　かずに　○を　つけましょう。（1もん5てん）

① 5　8
（　）（　）

② 10　7
（　）（　）

③ 3　6
（　）（　）

3 □に　あてはまる　かずを　かきましょう。（□…1つ5てん）

① 3 ─ □ ─ 5

② 9 ─ 8 ─ □

③ 5 ─ □ ─ 7 ─ 8 ─ □

④ 10 ─ □ ─ □ ─ 7 ─ □ ─ 5

4 1から　10までの　かずの　なかで　ぬけて　いる　かずを　かきましょう。（1もん5てん）

6 4 1 9 8 10 2 5

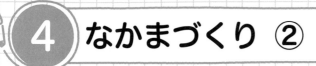

（　　　）と（　　　）

5 なんばんめ ①

学しゅう日　／

1回目　／100てん　こたえは97ページ　2回目　／100てん　できた！

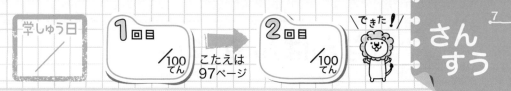

1 ⬭で　かこみましょう。　(1もん10てん)

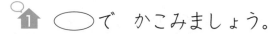

① まえから　3にん

② まえから　3にんめ

③ うしろから　4だい

④ みぎから　5ほんめ

⑤ ひだりから　2ほんめ

2 いろが　ぬって　あるのは、ひだりから　なんばんめ、みぎから　なんばんめですか。　(( )…1つ10てん)

① 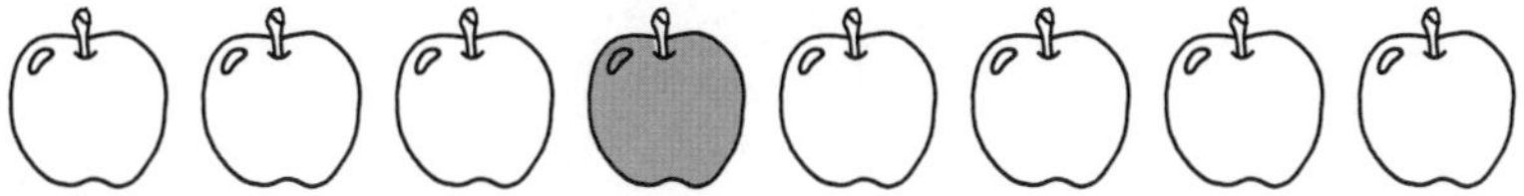

ひだりから(　　)ばんめ　　みぎから(　　)ばんめ

② 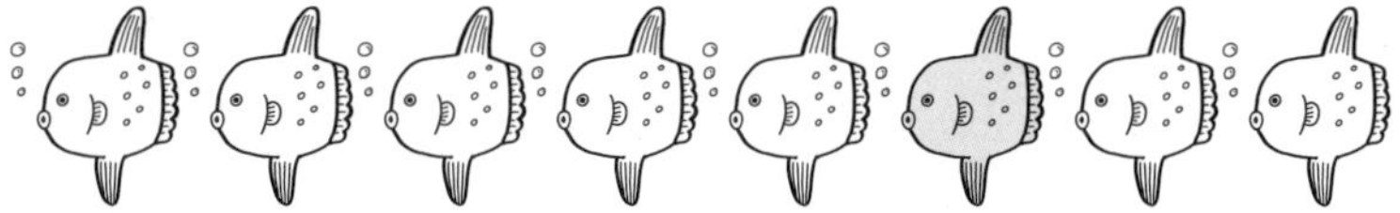

ひだりから(　　)ばんめ　　みぎから(　　)ばんめ

3 たかしくんは　きょうしつで　いちばん　うしろの　せきです。まえに　5にん　います。
たかしくんは　まえから　なんばんめですか。　(10てん)

(　　)ばんめ

6 なんばんめ ②

学しゅう日 ／

1回目 ／100てん

こたえは 97ページ

2回目 ／100てん

1 たなに ものが はいって います。 (1もん10てん)

① うえから 3だんめに はいって いるのは
( )です。

うえ

した

② は、うえから
( )だんめです。

③ は、したから
( )だんめです。

2 くだものが ならんで います。
つぎの ぶんは どれの ことですか。 (1もん10てん)

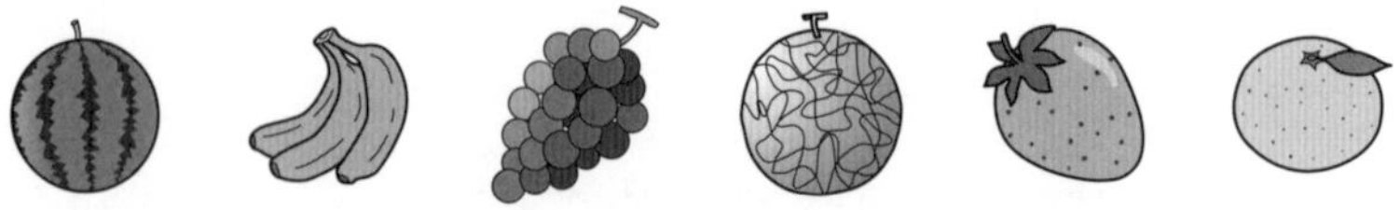

① みぎから 4ばんめです。 ( )

② ひだりから 2ばんめです。 ( )

3 ひろしくんは まえから 6ばんめです。 (1もん10てん)

① ひろしくんを ○で かこみましょう。

② ひろしくんの まえには、なんにん いますか。
( )

③ ひろしくんは うしろから なんばんめですか。
( )

4 えを みて こたえましょう。 (1もん10てん)

① まさきさんは まえから 4ばんめです。
まさきさんの まえには なんにん いますか。
( )

② たくやさんの まえに 4にん います。
たくやさんは まえから なんばんめですか。
( )

7 いくつといくつ ①

学しゅう日 ／

1回目 ／100てん　こたえは98ページ　2回目 ／100てん

できた！

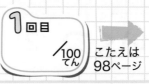

1 あわせると　9に　なるように　せんで　むすびましょう。（1つ5てん）

① 1　② 4　③ 7　④ 6

㋐ 5　㋑ 8　㋒ 3　㋓ 2

2 あわせると　8に　なるように　せんで　むすびましょう。（1つ5てん）

① 4　② 5　③ 2

㋐ 3　㋑ 4　㋒ 6

3 つぎの　○に　あてはまる　かずを　かきましょう。（1もん5てん）

① 2と○で 6

② ○と5で 5

③ ○と4で 7

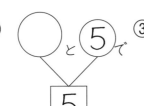

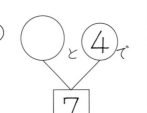

4 □に　あてはまる　かずを　かきましょう。（1もん5てん）

① 9は　7と□

② 7は　□と3

③ 5は　3と□

④ 6は　6と□

⑤ 8は　□と8

⑥ 9は　□と5

⑦ 6は　□と3

⑧ 5は　□と1

⑨ 8は　□と5

⑩ 7は　2と□

8 いくつと いくつ ②

学しゅう日　／

1回目　／100てん

こたえは98ページ

2回目　／100てん

できた！

1 あわせると 10に なるように せんで むすびましょう。 (1つ5てん)

① ② ③ ④ ⑤

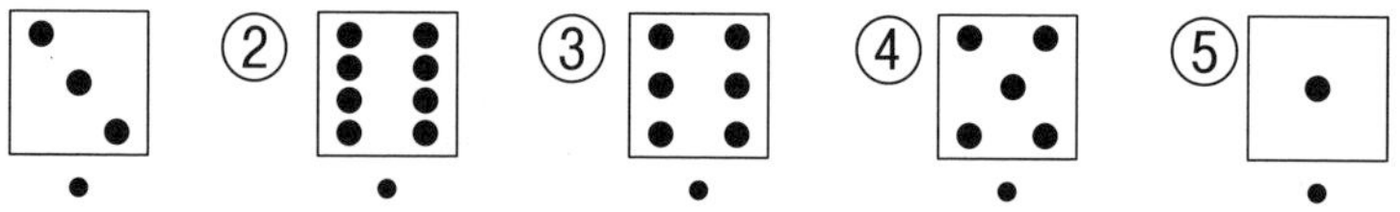

㋐ 4　㋑ 7　㋒ 2　㋓ 9　㋔ 5

2 おはじきは ぜんぶで 10こ あります。てのしたには なんこ ありますか。 (1もん5てん)

①

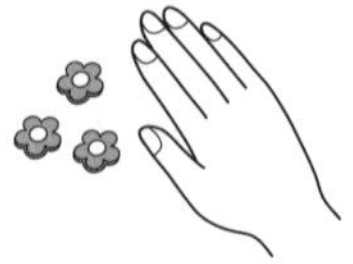

(　　　こ)

②

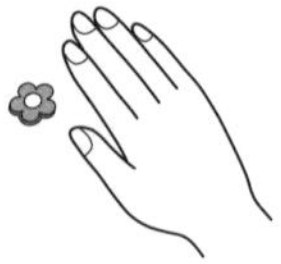

(　　　こ)

③

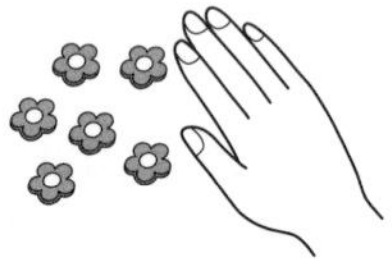

(　　　こ)

④

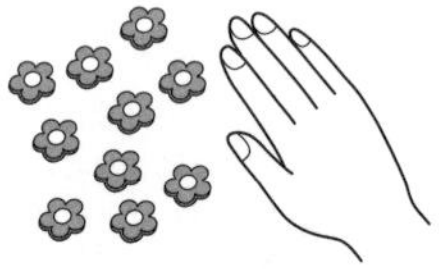

(　　　こ)

3 □に あてはまる かずを かきましょう。 (1もん5てん)

① 10は 6 と □

② 10は 2 と □

③ 10は 7 と □

④ 10は 5 と □

⑤ 10は 9 と □

4 □に あてはまる かずを かきましょう。 (1もん5てん)

①

10	
0	

②

10	
	3

③

10	
1	

④

10	
5	

⑤

10	
4	

⑥

10	
8	

9 たしざん（10まで）

学しゅう日 ／

1回目 ／100てん

こたえは98ページ

2回目 ／100てん

1 つぎの　タイルを　あわせると　いくつに
なりますか。すうじで　かきましょう。（1もん4てん）

① 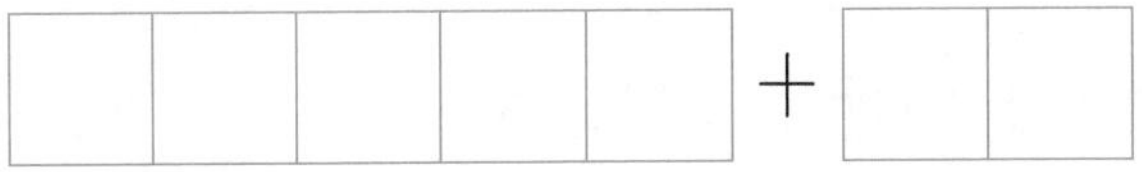 ＝

② 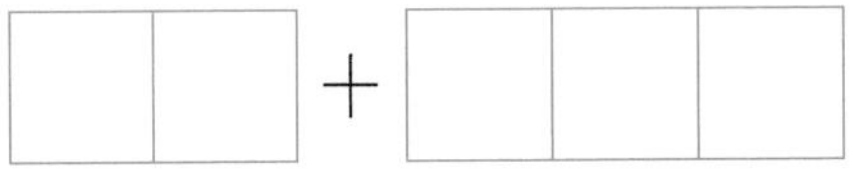 ＝

③ 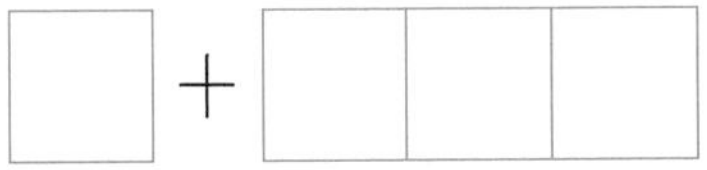 ＝

④ 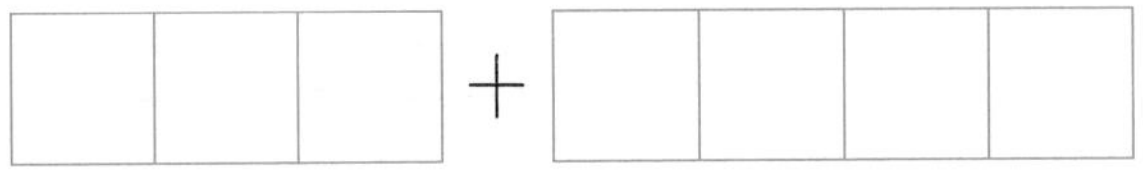 ＝

2 あわせると　8に　なるように　せんで
むすびましょう。（1つ5てん）

① 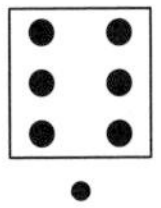　② 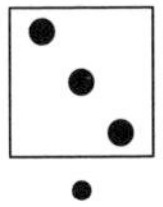　③ 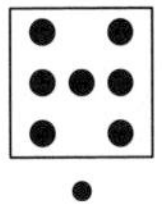　④ 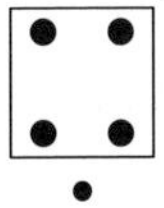

㋐ 4　㋑ 2　㋒ 5　㋓ 1

3 つぎの　けいさんを　しましょう。（1もん4てん）

① 2＋1＝　② 9＋1＝

③ 4＋3＝　④ 6＋1＝

⑤ 3＋7＝　⑥ 4＋4＝

⑦ 1＋8＝　⑧ 3＋2＝

⑨ 5＋2＝　⑩ 3＋4＝

⑪ 4＋6＝　⑫ 2＋4＝

⑬ 6＋2＝　⑭ 0＋7＝

⑮ 3＋3＝　⑯ 1＋3＝

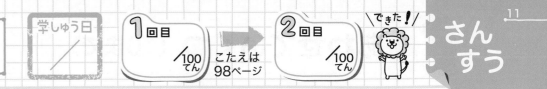

10 あわせていくつ（10まで）

学しゅう日　／

1回目　／100てん　こたえは98ページ　2回目　／100てん　できた！

1 チューリップは　あわせて　なんぼんですか。

（しき…15てん　こたえ…10てん）

（しき）□＋□＝□

こたえ

2 おさらに　ケーキが　2こ、べつの　おさらには　4こ　のって　います。
　ケーキは　あわせて　なんこ　ありますか。（しき…15てん　こたえ…10てん）

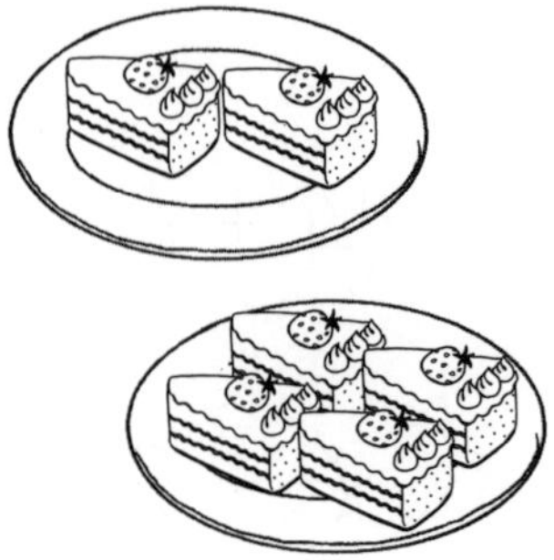

（しき）

こたえ

3 あおの　おりがみが　5まい、あかの　おりがみが　4まい　あります。
　おりがみは　あわせて　なんまい　ありますか。（しき…15てん　こたえ…10てん）

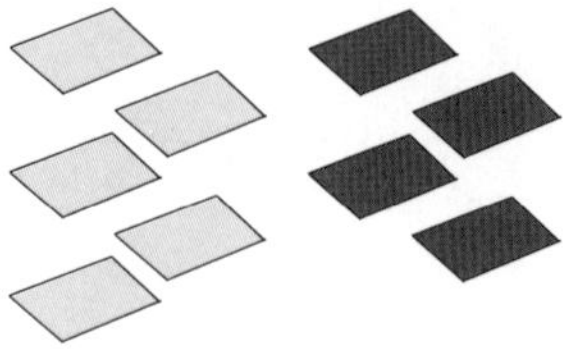

（しき）

こたえ

4 ピンクの　チューリップが　2ほん、きいろの　チューリップが　6ぽん　さいて　います。
　チューリップは、あわせて　なんぼん　さいて　いますか。

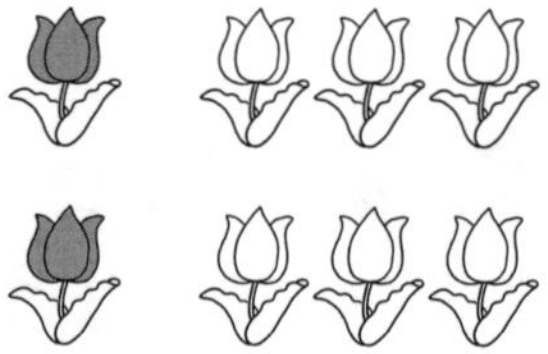

（しき…15てん　こたえ…10てん）

（しき）

こたえ

11 ふえるといくつ（10まで）

学しゅう日 ／　1回目 ／100てん　こたえは98ページ　2回目 ／100てん　できた！

1 じどうしゃが　1だい　ふえると　なんだいに
なりますか。　（しき…15てん　こたえ…10てん）

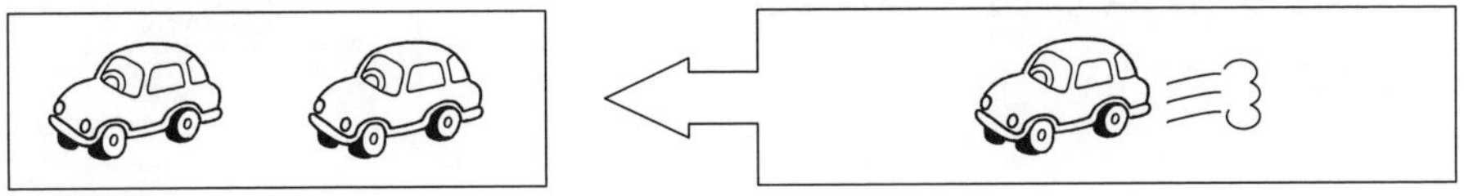

（しき）　□＋□＝□

こたえ ＿＿＿＿＿＿

2 かびんに　はなが　3ぼん　あります。2ほん
かって　きて　かびんに　いれました。
はなは　ぜんぶで　なんぼんに　な
りましたか。　（しき…15てん　こたえ…10てん）

（しき）

こたえ ＿＿＿＿＿＿

3 ねこが　4ひき　います。そこへ　3びき
きました。
ねこは、ぜんぶで　なんびきに　なりましたか。
（しき…15てん　こたえ…10てん）

（しき）

こたえ ＿＿＿＿＿＿

4 めだかを　7ひき　かって　います。
そこへ、べつの　めだかを　3びき　いれました。
ぜんぶで　なんびきに　なりましたか。
（しき…15てん　こたえ…10てん）

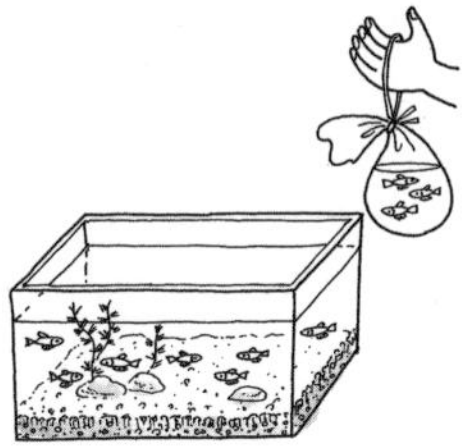

（しき）

こたえ ＿＿＿＿＿＿

12 たしざん（10まで）

学しゅう日　／

1回目　／100てん　こたえは 98ページ　2回目　／100てん　できた！

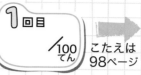

1 つぎの　けいさんを　しましょう。（1もん4てん）

① 2＋4＝　② 1＋9＝

③ 4＋4＝　④ 4＋0＝

⑤ 1＋2＝　⑥ 6＋1＝

⑦ 4＋6＝　⑧ 2＋3＝

⑨ 10＋0＝　⑩ 3＋6＝

⑪ 6＋2＝　⑫ 7＋3＝

⑬ 3＋5＝　⑭ 5＋4＝

⑮ 2＋2＝　⑯ 3＋3＝

2 カブトムシが　1つの　かごに　3びき、べつの　かごに　4ひき　います。
　カブトムシは　あわせて　なんびき　いますか。

（しき…10てん　こたえ…8てん）

（しき）

こたえ ＿＿＿＿＿＿

3 アヒルが　いけに　6わ　います。そこへ　3わ　きました。
　アヒルは　ぜんぶで　なんわに　なりましたか。

（しき…10てん　こたえ…8てん）

（しき）

こたえ ＿＿＿＿＿＿

13 ひきざん（10まで）

学しゅう日　／

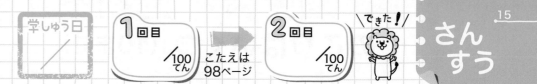

1回目　／100てん　こたえは98ページ　2回目　／100てん

1 つぎの　こたえに　なる　カードに　○を　つけましょう。　（1もん8てん）

(1)　こたえが　3に　なる　カード

①	②	③	④	⑤
6－4	7－5	4－1	8－2	9－6
（　）	（　）	（　）	（　）	（　）

(2)　こたえが　5に　なる　カード

①	②	③	④	⑤
5－1	8－3	7－0	10－4	9－4
（　）	（　）	（　）	（　）	（　）

2 おなじ　こたえに　なる　カードを　せんで　むすびましょう。　（1つ4てん）

①	②	③	④	⑤
4－3	5－2	7－2	8－4	9－3
・	・	・	・	・
・	・	・	・	・
7－4	6－2	8－2	9－8	9－4
㋐	㋑	㋒	㋓	㋔

3 つぎの　けいさんを　しましょう。　（1もん4てん）

① 6－4＝　　② 4－0＝

③ 8－5＝　　④ 9－3＝

⑤ 10－7＝　　⑥ 5－5＝

⑦ 3－1＝　　⑧ 6－2＝

⑨ 7－5＝　　⑩ 10－4＝

⑪ 9－6＝　　⑫ 8－2＝

⑬ 10－5＝　　⑭ 6－3＝

⑮ 8－4＝　　⑯ 9－5＝

14 のこりはいくつ（10まで）

学しゅう日　／

1回目　／100てん

こたえは99ページ

2回目　／100てん

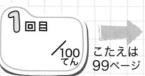

1 みかんが　5こ　あります。2こ　たべると
のこりは　なんこに　なりますか。

（しき…15てん　こたえ…10てん）

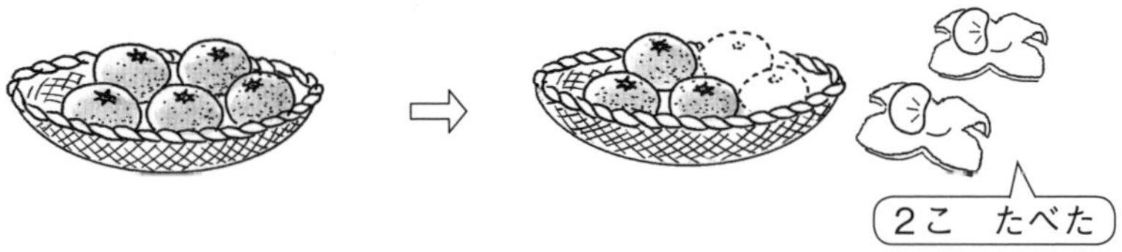

（しき）　□ − □ ＝ □

こたえ＿＿＿＿＿＿

2 あめが　6こ　あります。2こ　たべました。
あめは　なんこ　のこって　いますか。

（しき…15てん　こたえ…10てん）

（しき）

こたえ＿＿＿＿＿＿

3 いちごが　7こ　ありました。
ともだちに　5こ　あげました。
いちごは　なんこ　のこって
いますか。（しき…15てん　こたえ…10てん）

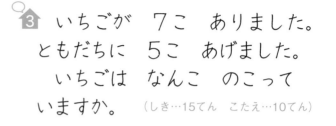

（しき）

こたえ＿＿＿＿＿＿

4 ふうせんが　6こ　あります。2こ　とんで　いくと
のこりは　なんこに　なりますか。

（しき…15てん　こたえ…10てん）

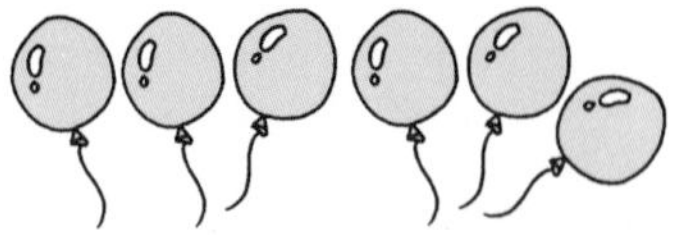

（しき）

こたえ＿＿＿＿＿＿

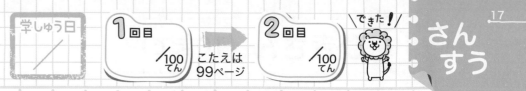

15 ちがいはいくつ（10まで）

学しゅう日　／

1回目　／100てん

こたえは99ページ

2回目　／100てん

できた！

1 いぬが　7ひき、ねこが　5ひき　います。
いぬは　ねこより　なんびき　おおいですか。

（しき…15てん　こたえ…10てん）

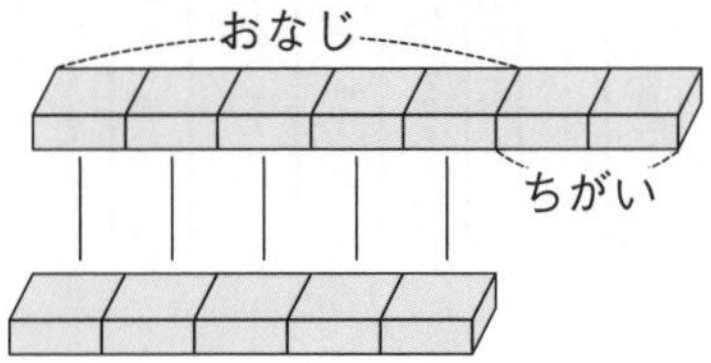

（しき）　□ － □ ＝ □

こたえ＿＿＿＿＿＿＿＿

2 ぼうしは　9こ、おとこのこは　7にん　います。
ぼうしは、おとこのこより　なんこ　おおいですか。

（しき…15てん　こたえ…10てん）

（しき）

こたえ＿＿＿＿＿＿＿＿

3 りんごは　8こ、バナナは　5ほん　あります。
りんごは、バナナより　なんこ　おおいですか。

（しき…15てん　こたえ…10てん）

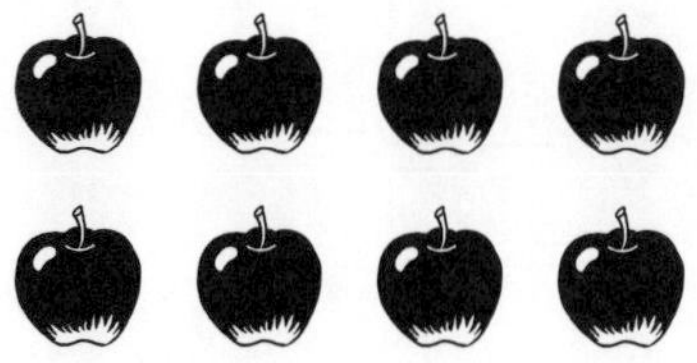

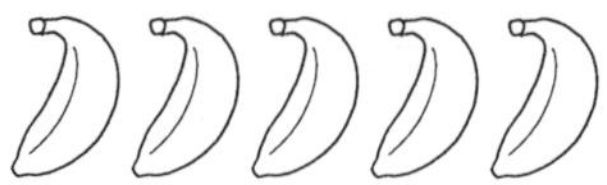

（しき）

こたえ＿＿＿＿＿＿＿＿

4 だいこんは　9ほん、にんじんは　6ぽん　あります。
どちらが　なんぼん　おおいですか。

（しき…15てん　こたえ…10てん）

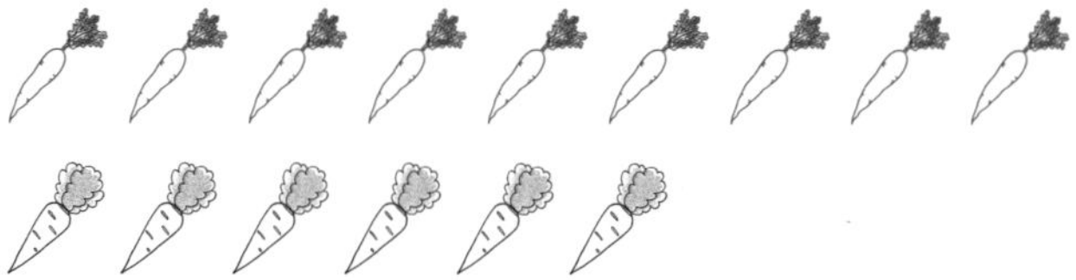

（しき）

こたえ＿＿＿＿＿＿が＿＿＿＿＿おおい

16 ひきざん（10まで）

学しゅう日　／

1回目　／100てん　こたえは 99ページ　2回目　／100てん

1 つぎの　けいさんを　しましょう。　（1もん4てん）

① 3－1＝　　② 6－2＝

③ 10－3＝　　④ 9－4＝

⑤ 8－2＝　　⑥ 7－3＝

⑦ 5－3＝　　⑧ 9－2＝

⑨ 8－7＝　　⑩ 8－5＝

⑪ 6－0＝　　⑫ 10－7＝

⑬ 7－6＝　　⑭ 5－1＝

⑮ 9－7＝　　⑯ 8－8＝

2 ほんを　10さつ　もって　います。ともだちに　5さつ　かしました。のこりは　なんさつですか。

（しき…10てん　こたえ…8てん）

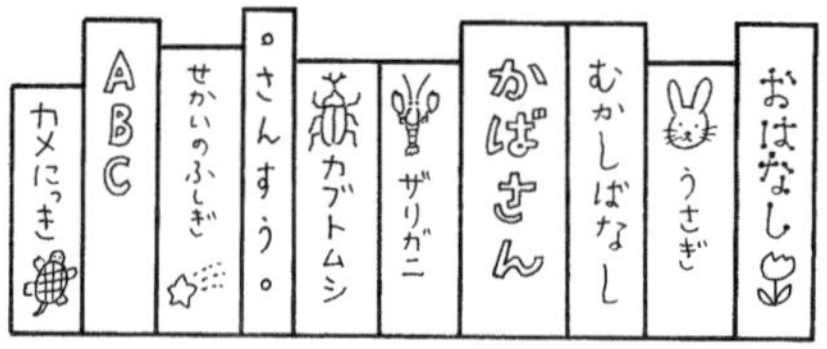

（しき）

こたえ＿＿＿＿＿＿

3 きょうしつに　おとこのこが　7にん、おんなのこが　10にん　います。
どちらが　なんにん　おおいですか。

（しき…10てん　こたえ…8てん）

（しき）

こたえ＿＿＿＿＿＿が＿＿＿＿＿＿おおい

17 10よりおおきいかず ①

学しゅう日　／

1回目　／100てん　こたえは99ページ　2回目　／100てん　できた！

1 つぎの（　）に　かずを　かきましょう。　（（　）…1つ5てん）

① 10と　5で（　　）です。

② 18は　10と（　　）を　あわせた　かずです。

③（　　）は　10と　3を　あわせた　かずです。

④（　　）は　10と　7を　あわせた　かずです。

⑤ 19の　十のくらいの　すうじは（　　）、
一のくらいの　すうじは（　　）です。

2 つぎの　かずは　いくつ　ありますか。　（1もん5てん）

① おはじき

こたえ＿＿＿＿＿＿

② えんぴつ

こたえ＿＿＿＿＿＿

3 □に　あてはまる　かずを　かきましょう。　（□…1つ3てん）

① 13 ― □ ― 15 ― 16 ― □

② □ ― 17 ― 18 ― □ ― 20

③ □ ― 11 ― □ ― 9 ― 8

④ 19 ― 18 ― □ ― 16 ― □

⑤ □ ― 4 ― 6 ― □ ― 10 ― □

4 おおきい　じゅんに　かきましょう。　（1もん9てん）

①（10、16、13）⇨（　　）、（　　）、（　　）

②（18、11、15）⇨（　　）、（　　）、（　　）

③（20、8、18）⇨（　　）、（　　）、（　　）

18 10よりおおきいかず ②

学しゅう日 ／

1回目 ／100てん

こたえは99ページ

2回目 ／100てん

できた！

1 2こずつの　かたまりは、2、4、6、8…と
かぞえると、らくに　かぞえられます。
　ひまわりは　なんぼん　ありますか。

（あ、い…1つ5てん　こたえ…10てん）

あ  ………（　　）

い  ……………（　　）

こたえ　ぜんぶで＿＿＿＿＿＿

2 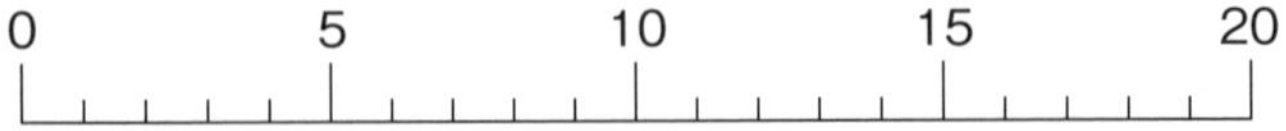

　かずの　せんを　みて　□に　あてはまる　かずを
かきましょう。（1もん5てん）

① 10より　2　おおきい　かずは　□　です。

② 13より　□　おおきい　かずは　18です。

③ 14より　3　ちいさい　かずは　□　です。

④ 16は　10より　□　おおきい　かずです。

3 つぎの　けいさんを　しましょう。（1もん5てん）

① 10＋5＝　　② 12＋7＝

③ 15＋3＝　　④ 18－8＝

⑤ 17－4＝　　⑥ 19－2＝

4 りんごが　13こ　ありました。3こ　もらいました。
ぜんぶで　なんこに　なりますか。

（しき…10てん　こたえ…5てん）

（しき）

こたえ＿＿＿＿＿＿

5 おはじきを　16こ　もって　いました。5こ
あげました。
　いま　なんこ　ありますか。（しき…10てん　こたえ…5てん）

（しき）

こたえ＿＿＿＿＿＿

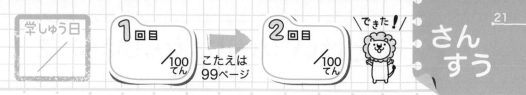

19 とけい（なんじ、なんじはん）①

学しゅう日　／

1回目　／100てん　こたえは99ページ　2回目　／100てん　できた！

1 とけいの　えを　みて　こたえましょう。（1もん10てん）

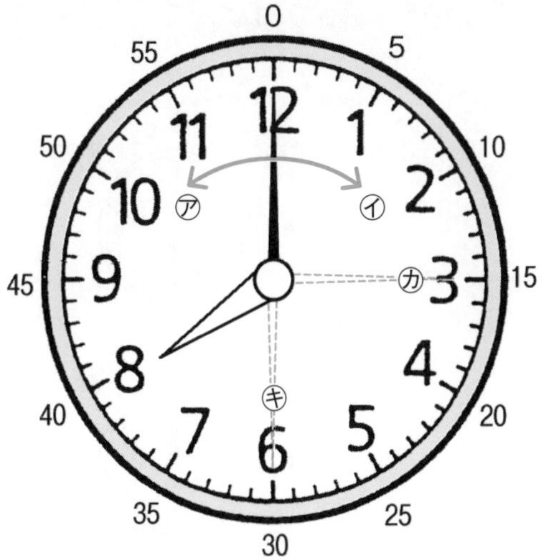

① なんじですか。

＿＿＿＿じ

② ながい　はりは、㋐と　㋑の　どちらに　うごきますか。

（　　　）

③ 30ぷん　たちました。
ながい　はりは　㋕と　㋖の　どちらに　ありますか。

（　　　）

④ ③の　とき、みじかい　はりは、㋐〜㋒の　どこに　ありますか。

㋐ 9の　ところ

㋑ 9と　10の　あいだ

㋒ 8と　9の　あいだ

（　　　）

2 とけいを　よみましょう。（1もん10てん）

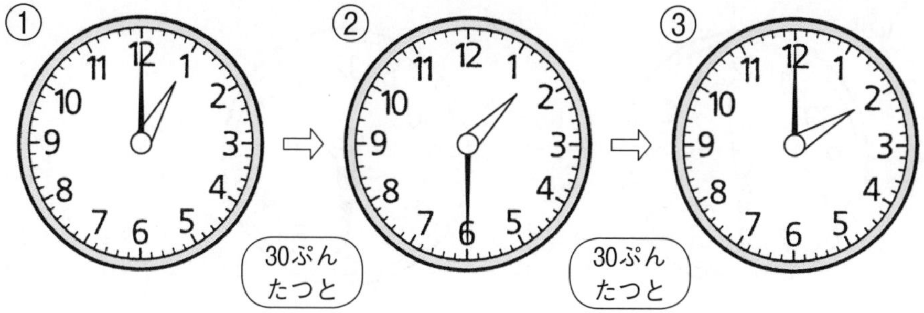

＿＿＿＿じ　＿＿じ＿＿ぷん　＿＿＿＿じ

（1じはん）
とも　いいます

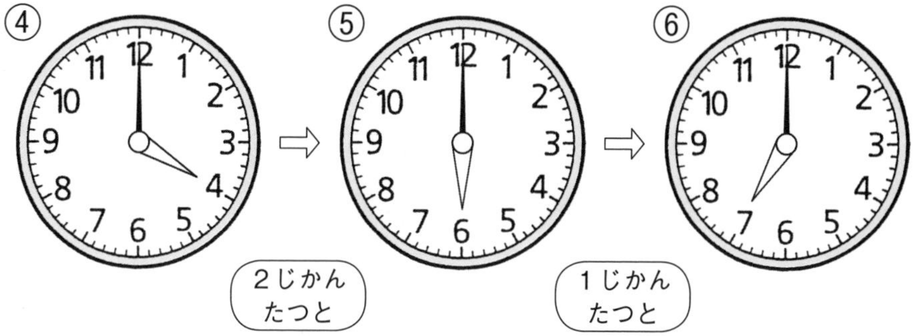

＿＿＿＿じ　＿＿＿＿じ　＿＿＿＿じ

20 とけい（なんじ、なんじはん）②

学しゅう日　／

1回目　／100てん　こたえは 99ページ　2回目　／100てん

1 1じはんの　とけいは　どちらですか。（10てん）

あ

い

（　　　）

2 なんじですか。また　なんじはんですか。（1もん10てん）

①

＿＿＿＿＿＿

②

＿＿＿＿＿＿

③

＿＿＿＿＿＿

④

＿＿＿＿＿＿

3 つぎの　えは　けんさんの　1にちです。

(1) えの　ようすと　とけいが　あうように　せんで　むすびましょう。（1つ10てん）

①  ・　　　・ ㋐  あさ

②  ・　　　・ ㋑  あさ

③  ・　　　・ ㋒  ひる

④  ・　　　・ ㋓  よる

(2) あさの　7じはんの　とけいは　㋐～㋓の　どの　あいだに　はいりますか。（10てん）

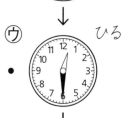

（　　　）と（　　　）の　あいだ

21 とけい（なんじなんぷん）①

学しゅう日　／

1回目　／100てん　こたえは99ページ　2回目　／100てん　できた！

1 つぎの □が なんぷんに なるか、すうじで かきましょう。（1もん5てん）

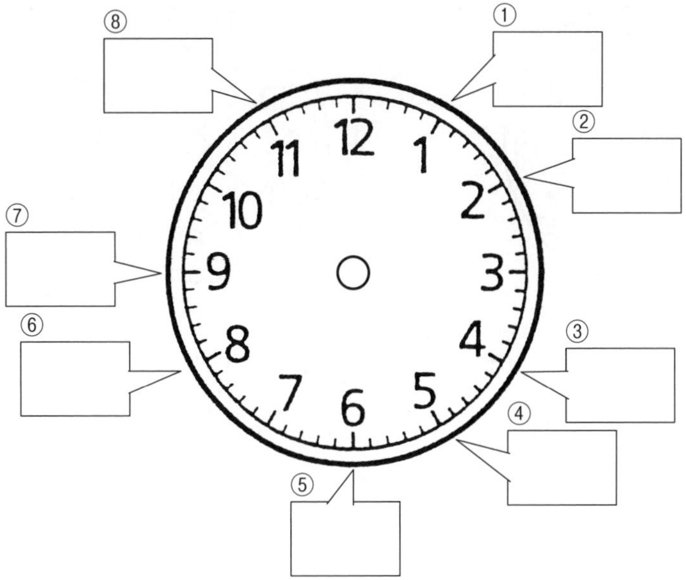

2 つぎの とけいは なんじ なんぷんですか。①〜③から えらびましょう。（10てん）

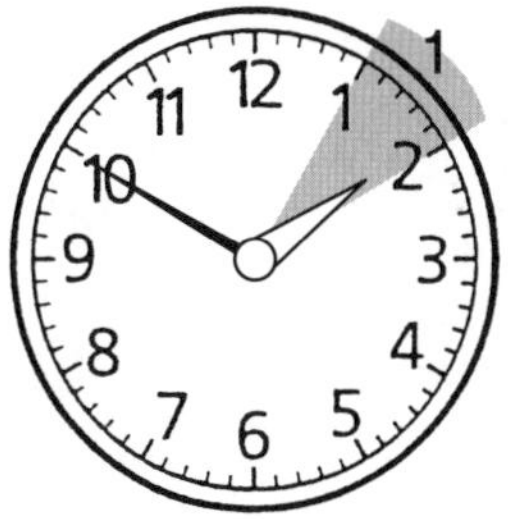

① 10じ 10ぷん

② 2じ 50ぷん

③ 1じ 50ぷん

（　　　）

3 したの とけいで 5じ 20ぷんは、㋐〜㋒の どこに はいりますか。（25てん）

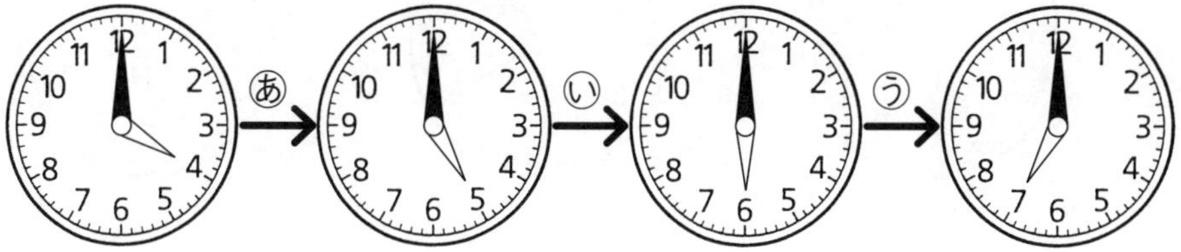

（　　　）

4 もうすぐ 7じ 15ふんに なるのは、㋐、㋑、㋒、㋓の うち、どの とけいですか。（25てん）

（　　　）

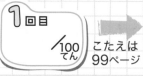

22 とけい（なんじなんぷん）②

学しゅう日 ／

1回目 ／100てん

こたえは 99ページ

2回目 ／100てん

1 なんじ　なんぷんですか。 （1もん7てん）

①

②

③
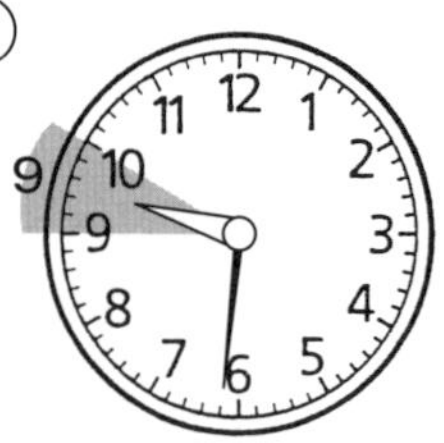

＿＿じ＿＿ふん　＿＿じ＿＿ぷん　＿＿じ＿＿ぷん

④

⑤

⑥

＿＿＿＿　＿＿＿＿　＿＿＿＿

⑦

⑧

＿＿＿＿　＿＿＿＿

2 ながい　はりを　かきましょう。 （1もん15てん）

① 9じ　45ふん

② 10じ　7ふん

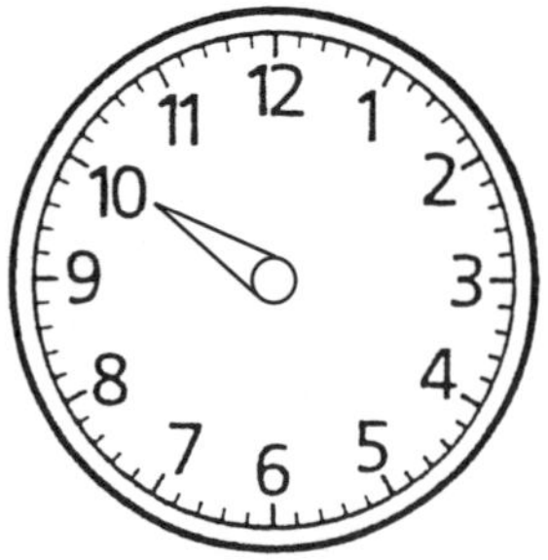

3 ①、②の　とけいは、ながい　はりが　かくれて　いて　みえません。ただしい　はりは、それぞれ　あ、い、うの　どれですか。 （1もん7てん）

①

あ

い

う

（　　）

②

あ

い

う

（　　）

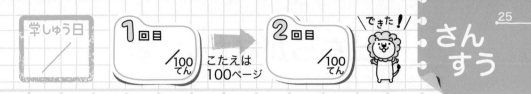

1 ただしい くらべかたに ○を つけましょう。

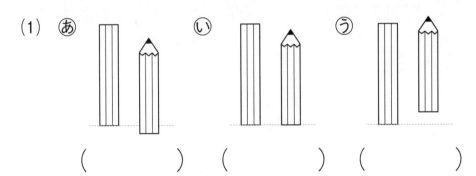

（1もん20てん）

(1) あ

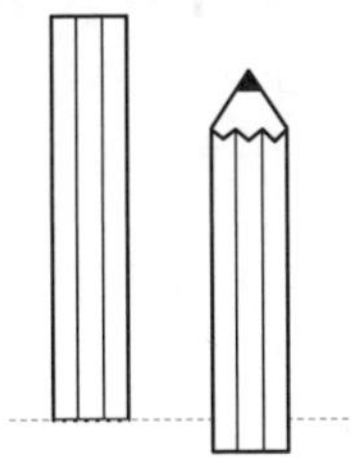

い

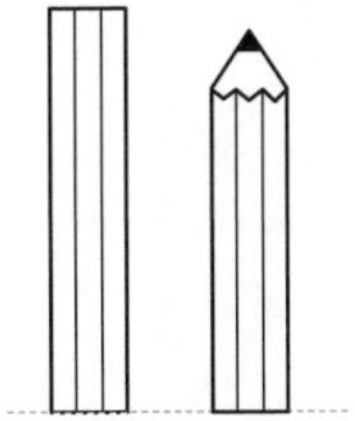

う

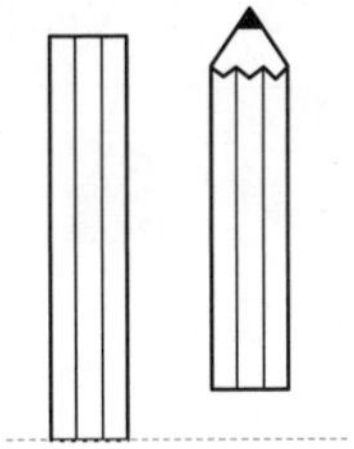

（　　　　）（　　　　）（　　　　）

(2) あ

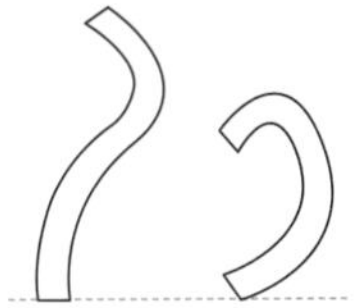

い

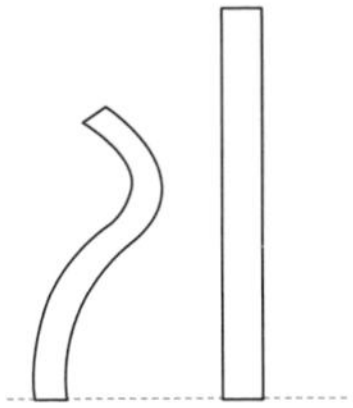

う

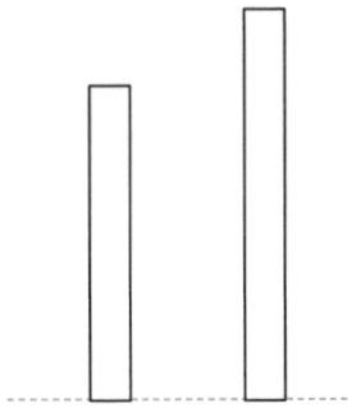

（　　　　）（　　　　）（　　　　）

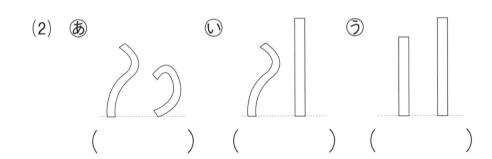

(3) つくえの たてと よこの ながさを くらべます。

あ

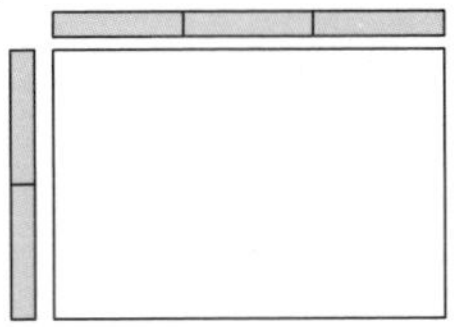

い

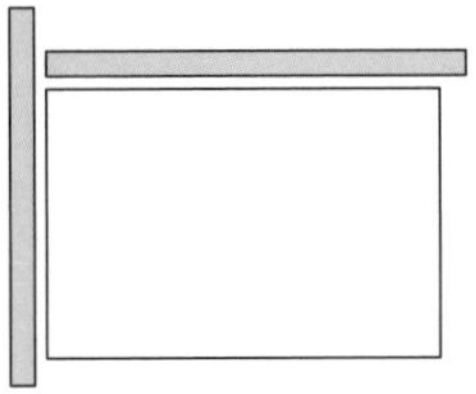

う

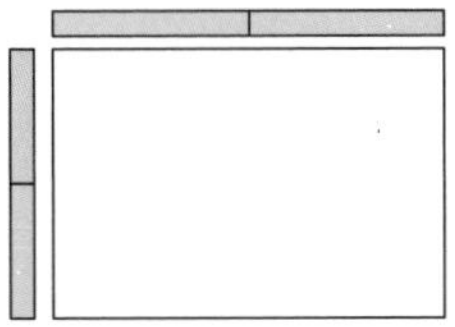

（　　　　）（　　　　）（　　　　）

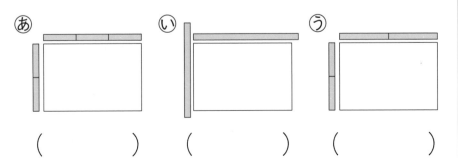

2 ながい ほうに ○を つけましょう。 （1もん10てん）

①

あ（　　）

い（　　）

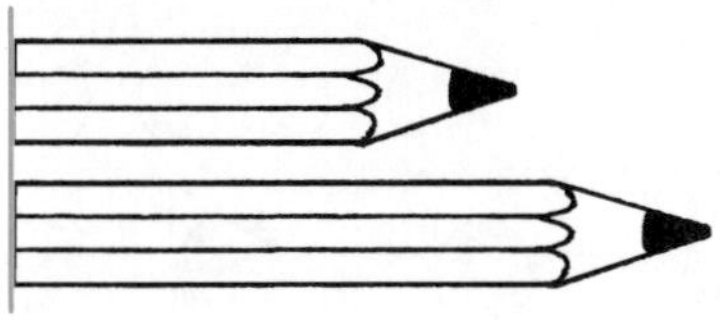

②

あ（　　）

い（　　）

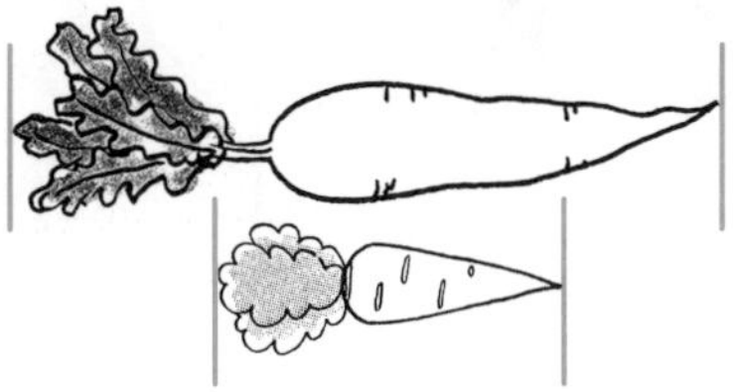

③

あ（　　）

い（　　）

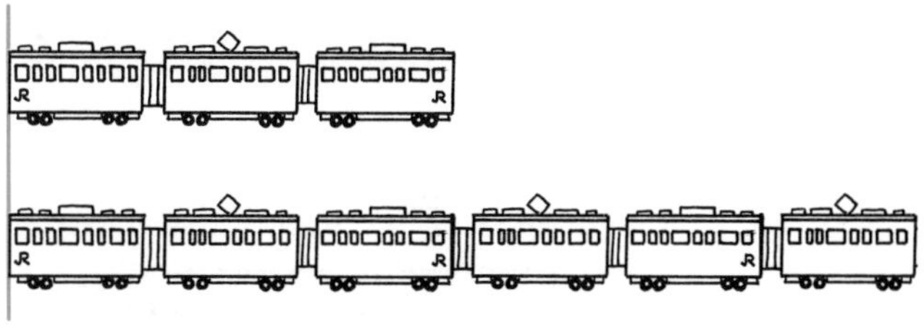

3 ながい ほうに ○を つけましょう。 （10てん）

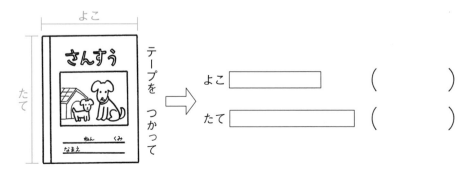

テープを つかって

よこ　　　　（　　　）

たて　　　　（　　　）

24 どちらがながい ②

学しゅう日　／

1回目　／100てん　こたえは100ページ　2回目　／100てん

できた！

さんすう

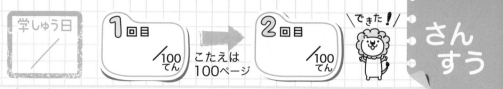

1 せの　たかい　じゅんに（　　）に　1、2、3、4、と　かきましょう。 （（　）…1つ8てん）

（　　）（　　）（　　）（　　）

2 ますの　いくつぶんの　ながさですか。 （1もん8てん）

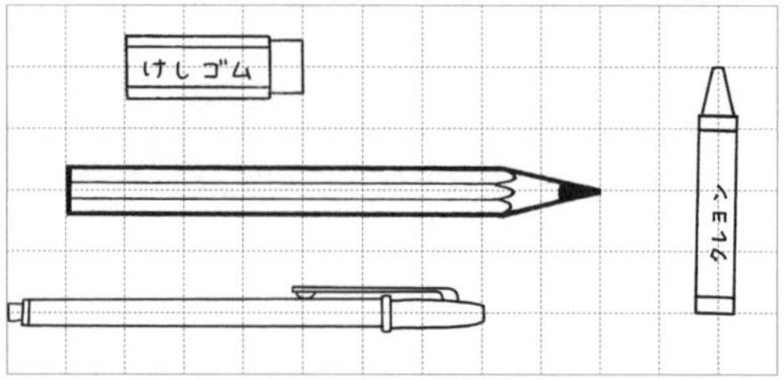

① けしゴムは、ます（　　）こぶんです。

② えんぴつは、ます（　　）こぶんです。

③ ペンは、ます（　　）こぶんです。

④ クレヨンは、ます（　　）こぶんです。

3 はがきの　たてと　よこの　ながさを　くらべます。

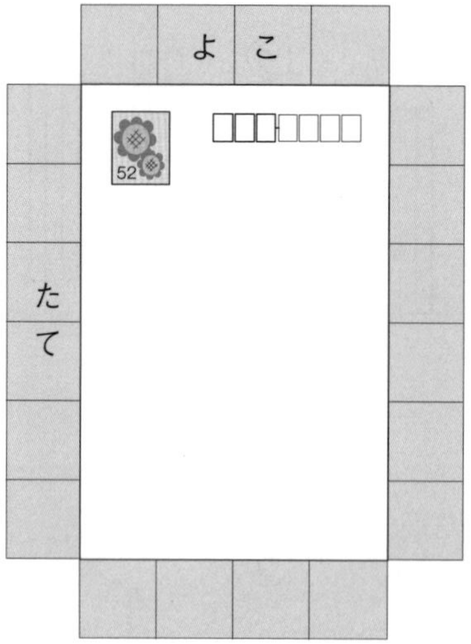

① よこは　なんますぶん　ありますか。 （8てん）

（　　）ますぶん

② たては　なんますぶん　ありますか。 （8てん）

（　　）ますぶん

③ はがきの　たてと　よこの　ながさは　どちらが　なんますぶん　ながいですか。

（しき…10てん　こたえ…10てん）

（しき）

こたえ（　　　）が（　　）ますぶん　ながい

25 3つのかずのけいさん ①

学しゅう日 ／

1回目 ／100てん → 2回目 ／100てん

こたえは100ページ

できた！

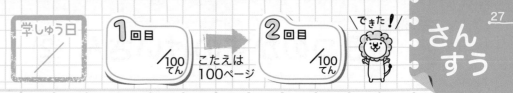

1 つぎの　けいさんを　しましょう。　(1もん5てん)

① 4＋2＋2＝

② 3＋5＋1＝

③ 6＋1＋3＝

④ 4＋6＋7＝

⑤ 8＋2＋5＝

⑥ 9－2－3＝

⑦ 7－5－2＝

⑧ 10－4－1＝

⑨ 13－3－5＝

⑩ 16－6－9＝

2 つぎの　けいさんを　しましょう。　(1もん5てん)

① 3＋5－2＝

② 6＋2－3＝

③ 8－7＋5＝

④ 9－6－2＝

⑤ 7＋2－2＝

⑥ 4＋6－5＝

⑦ 3－2＋4＝

⑧ 1－1＋6＝

⑨ 5＋5－7＝

⑩ 7＋2－3＝

26 3つのかずのけいさん ②

学しゅう日 ／

1回目 ／100てん

こたえは 100ページ

2回目 ／100てん

できた！

1 とりが　3わ　います。2わ　きました。また　4わ　きました。

とりは　ぜんぶで　なんわに　なりましたか。

（しき…15てん　こたえ…10てん）

（しき）

こたえ＿＿＿＿＿＿

2 あめが　9こ　あります。2こ　あげました。そのあと　また　3こ　あげました。

あめは　なんこ　のこって　いますか。

（しき…15てん　こたえ…10てん）

（しき）

こたえ＿＿＿＿＿＿

3 バナナが　10ぽん　あります。5にんで　1ぽんずつ　たべました。そのあと　3ぼん　かって　きました。

バナナは　なんぼんに　なりましたか。

（しき…15てん　こたえ…10てん）

（しき）

こたえ＿＿＿＿＿＿

4 こうえんで　こどもが　7にん　あそんで　います。3にん　かえりました。そのあと　5にん　きました。

いま　こうえんに　こどもは　なんにん　いますか。

（しき…15てん　こたえ…10てん）

（しき）

こたえ＿＿＿＿＿＿

27 どちらがおおい（かさくらべ）①

学しゅう日　／

1回目　／100てん　こたえは 100ページ　2回目　／100てん　できた！

1 みずが　いちばん　おおいのは　どれですか。また　いちばん　すくないのは　どれですか。（1もん15てん）

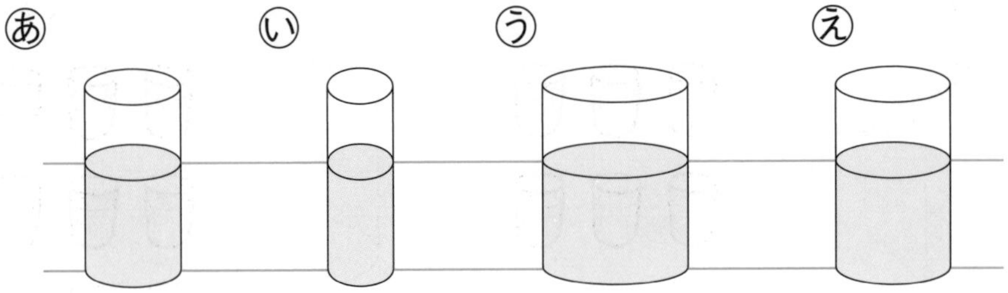

① いちばん　おおいのは ＿＿＿＿＿

② いちばん　すくないのは ＿＿＿＿＿

2 みずが　いちばん　おおいのは　どれですか。また　いちばん　すくないのは　どれですか。（1もん15てん）

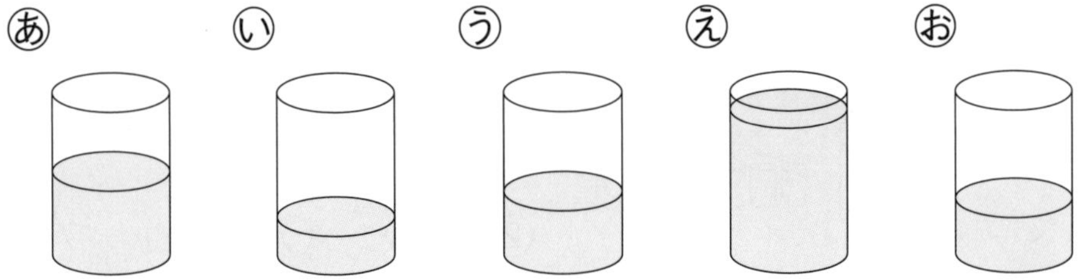

① いちばん　おおいのは ＿＿＿＿＿

② いちばん　すくないのは ＿＿＿＿＿

3 どちらの　いれものに　はいって　いる　ほうが　おおいですか。おおい　ほうに　○を　つけましょう。（1もん20てん）

①

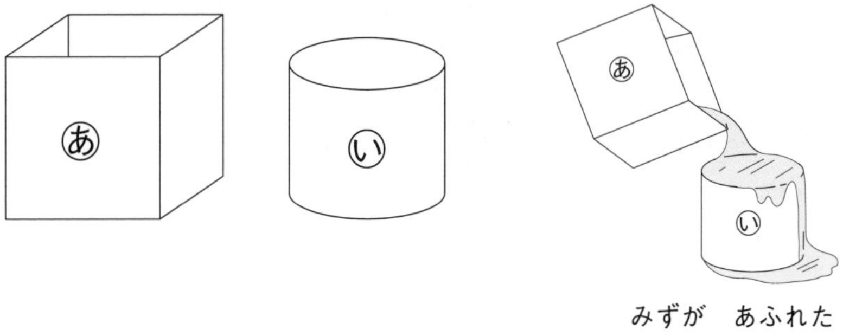

あ（　　　）　い（　　　）

②

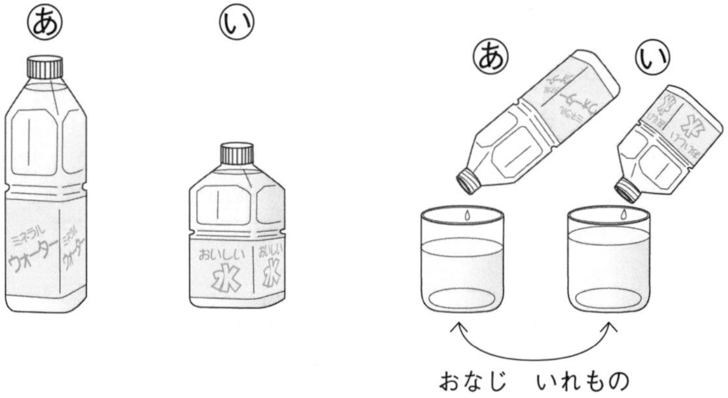

あ（　　　）　い（　　　）

28 どちらがおおい（かさくらべ）②

学しゅう日 ／

1回目 ／100てん　→　こたえは100ページ　こたえは100ページ　2回目 ／100てん

できた！

さんすう

1 おおく　はいるのは　あ、いの　どちらですか。

（□…1つ5てん　こたえ…1つ10てん）

① あ

ペットボトル

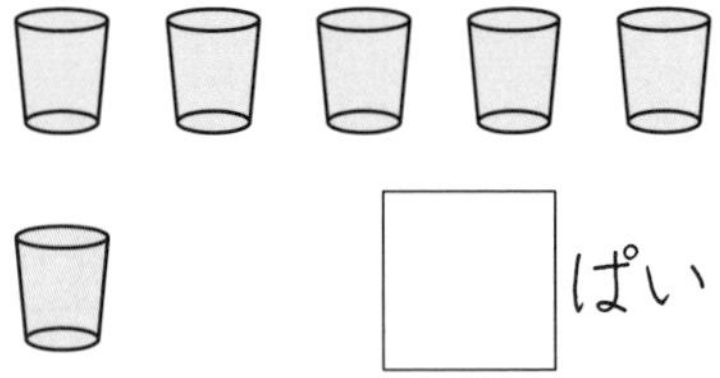

□ぱい

い

ポット

□はい

こたえ（　　）

② あ

やかん

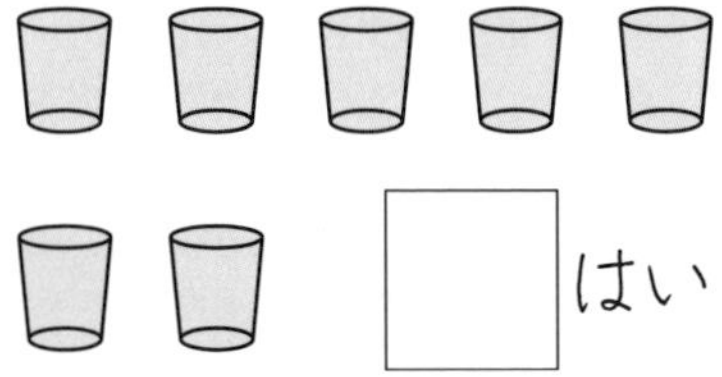

□はい

い

すいとう

□ばい

こたえ（　　）

2 いれものの　みずを　コップに　あけると　あと　いのように　なりました。どちらが　どれだけ　おおいですか。

（□…1つ10てん）

あ

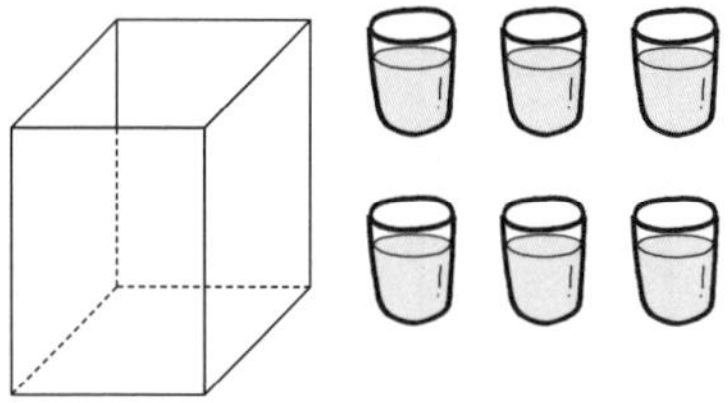

い

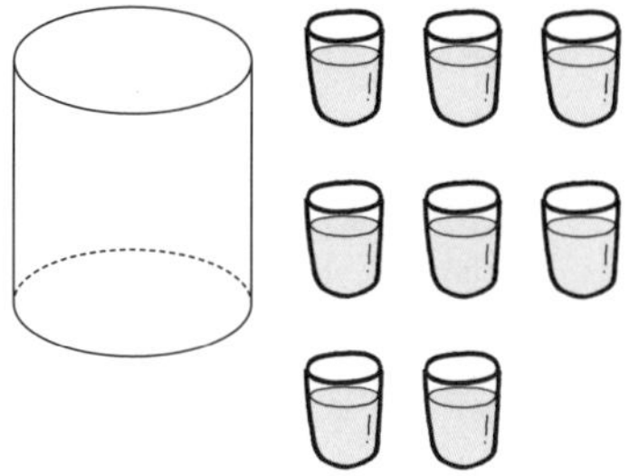

こたえ　□が　コップ　□はいぶん　おおい

3 のみものを　コップに　あけました。

あ

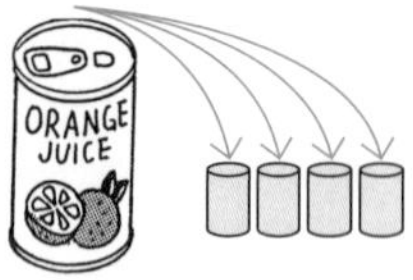

い

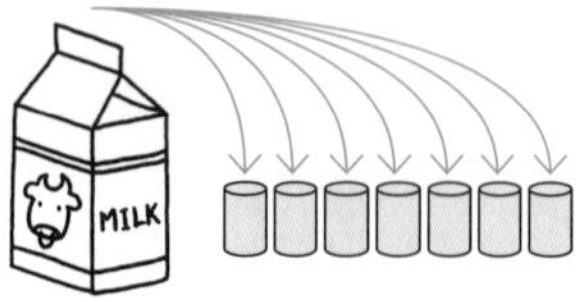

う

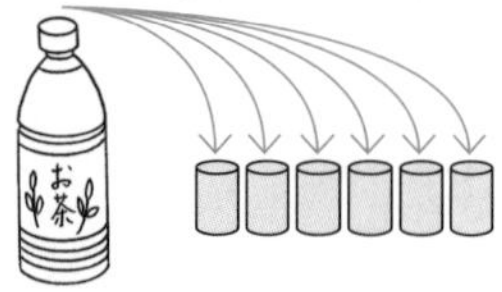

① あと　いは　コップ　なんはいぶん　ちがいますか。（20てん）

こたえ　　　ばいぶん

② あと　うは　コップ　なんはいぶん　ちがいますか。（20てん）

こたえ　　　はいぶん

29 どちらがひろい ①

学しゅう日　／

1回目　／100てん　こたえは100ページ　2回目　／100てん

できた！

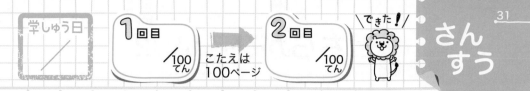

1 ひろさを　くらべます。くらべかたが　ただしい　ほうに　○を　つけましょう。（15てん）

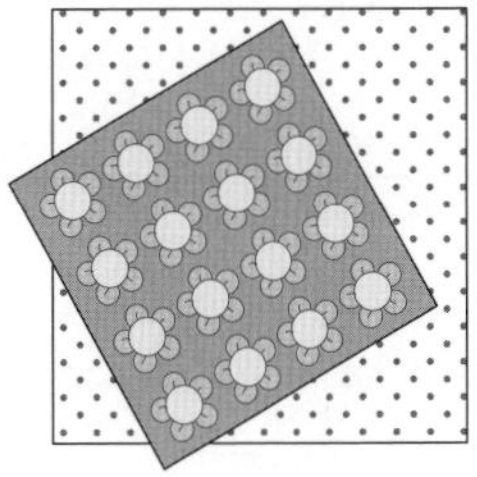

あ（　　　）

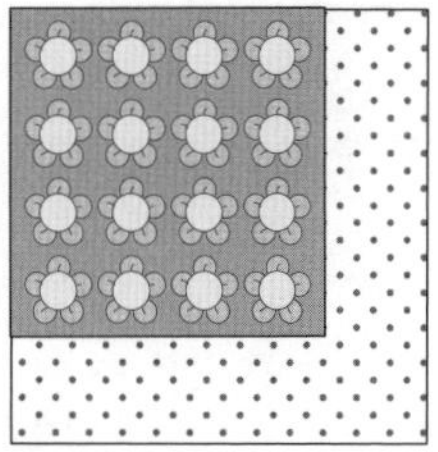

い（　　　）

2 あと　いの　どちらが　ひろいですか。（1もん15てん）

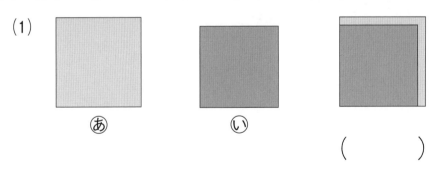

(1)

あ

い

（　　　）

(2)

あ

い

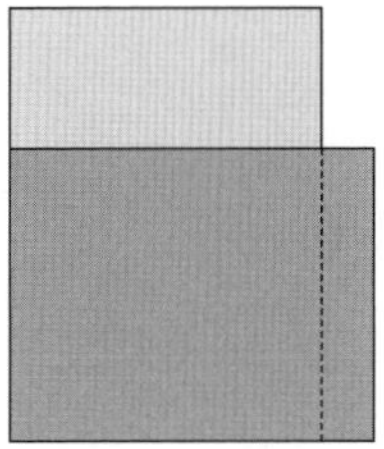

（　　　）

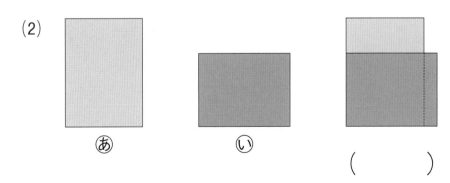

3 あ～うの　ひろさくらべです。あとの　といに　こたえましょう。（1もん15てん）

あ

い

う

あと　いと　うを　そろえて　かさねると

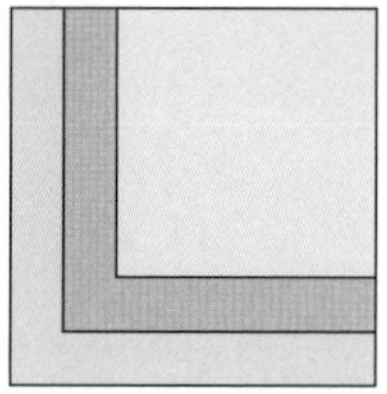

① いちばん　ひろいのは（　　　）

② いちばん　せまいのは（　　　）

4 あと　いの　どちらが　ひろいですか。

（あ、い…1つ10てん　こたえ…5てん）

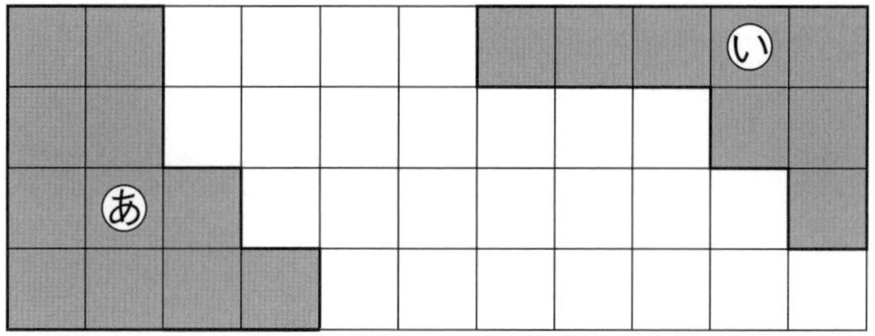

あ（　　　）こ　　い（　　　）こ

こたえ＿＿＿＿＿＿

30 どちらがひろい ②

学しゅう日　／

1回目　／100てん　こたえは100ページ　2回目　／100てん　できた！

1　3にんで　じんとりあそびを　しました。ぬった　ところが　いちばん　ひろい　ひとが　かちです。

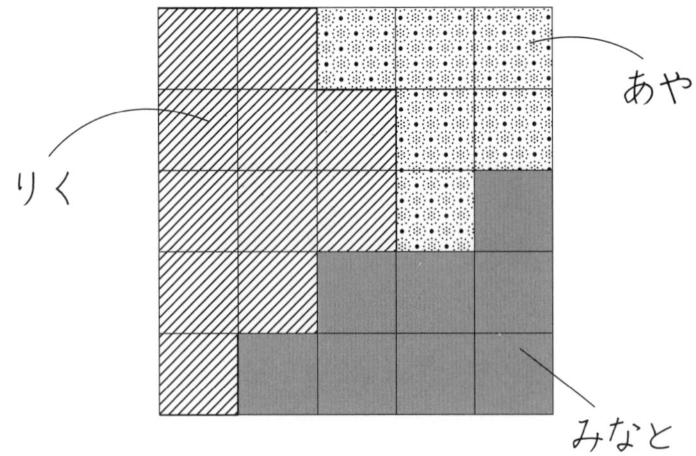

① あやさんの　じんちは　（　　　）こです。（10てん）

② りくさんの　じんちは　（　　　）こです。（10てん）

③ みなとさんの　じんちは　（　　　）こです。（10てん）

④ 3にんの　なかで　いちばん　かった　ひとは　だれですか。（20てん）

（　　　　　　　　）

2　きょうしつの　まえと　うしろの　こくばんの　ひろさを　くらべます。

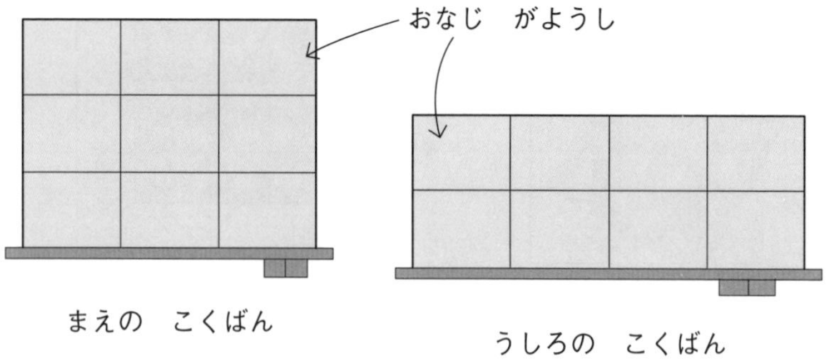

① まえの　こくばんは、
がようし　（　　　）まいぶんです。（10てん）

② うしろの　こくばんは、
がようし　（　　　）まいぶんです。（10てん）

③ どちらが　どれだけ　ひろいですか。
（しき…15てん　こたえ…15てん）

（しき）□ − □ ＝ □

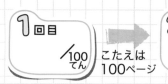

こたえ（　　　）の　こくばんが　□　まいぶん　ひろい

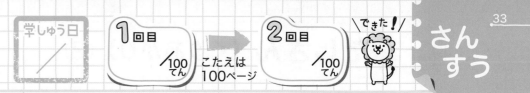

31 たしざん（くりあがり）①

学しゅう日　／

1回目　／100てん

こたえは100ページ

2回目　／100てん

できた！

1 しきと　こたえを　せんで　むすびましょう。

（1つ4てん）

①	②	③	④	⑤
9＋5	3＋8	3＋9	5＋8	7＋3

㋐	㋑	㋒	㋓	㋔
11	14	12	10	13

2 つぎの　けいさんを　しましょう。

（1もん5てん）

① 7＋8＝
（3）（　）

② 5＋6＝
（5）（　）

③ 6＋7＝
（4）（　）

④ 8＋3＝
（2）（　）

3 つぎの　けいさんを　しましょう。

（1もん4てん）

① 6＋6＝

② 8＋5＝

③ 2＋9＝

④ 9＋6＝

⑤ 7＋7＝

⑥ 5＋6＝

⑦ 8＋6＝

⑧ 7＋9＝

⑨ 9＋8＝

⑩ 8＋4＝

⑪ 7＋5＝

⑫ 6＋9＝

⑬ 9＋2＝

⑭ 7＋6＝

⑮ 4＋9＝

32 たしざん（くりあがり）②

学しゅう日 ／

1回目 ／100てん

こたえは 101ページ

2回目 ／100てん

1 こたえが 13に なる カードに ○を つけましょう。 （1もん5てん）

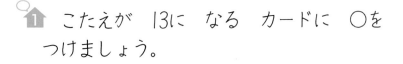

① （　） 6＋5　　② （　） 4＋9

③ （　） 8＋3　　④ （　） 7＋6

⑤ （　） 5＋7

2 □に あてはまる かずを かきましょう。（1もん10てん）

① 7＋5の けいさん

7に□を たして10、10と のこりの□で□

② 8＋7の けいさん

8に□を たして10、10と のこりの□で□

③ 5＋8の けいさん

5に□を たして10、10と のこりの□で□

3 つぎの けいさんを しましょう。 （1もん4てん）

① 9＋7＝　　② 5＋9＝

③ 4＋8＝　　④ 8＋7＝

⑤ 7＋4＝　　⑥ 3＋9＝

⑦ 9＋9＝　　⑧ 6＋6＝

⑨ 7＋6＝　　⑩ 9＋8＝

⑪ 8＋3＝　　⑫ 6＋5＝

⑬ 4＋7＝　　⑭ 9＋6＝

⑮ 8＋8＝

33 たしざん（くりあがり）③

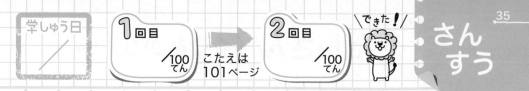

学しゅう日 ／

1回目 ／100てん

こたえは 101ページ

2回目 ／100てん

できた！

さんすう

1 あんパンが　6こ　あります。クリームパンが　7こ　あります。
パンは　あわせて　なんこですか。

（しき…15てん　こたえ…10てん）

（しき）

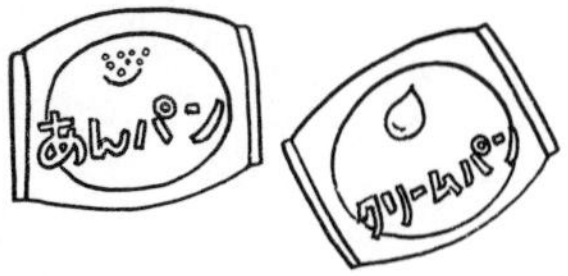

こたえ ＿＿＿＿＿＿

2 ぼくは　かぶとを　8こ　おりました。おとうとは　7こ　おりました。
かぶとは　あわせて　なんこですか。

（しき…15てん　こたえ…10てん）

（しき）

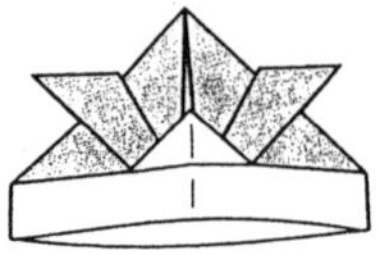

こたえ ＿＿＿＿＿＿

3 くるまが　5だい　あります。そこへ　9だい　きました。
くるまは　ぜんぶで　なんだいに　なりましたか。

（しき…15てん　こたえ…10てん）

（しき）

こたえ ＿＿＿＿＿＿

4 すいそうに　メダカが　7ひき　います。そこへ　4ひき　いれました。
メダカは　ぜんぶで　なんびきに　なりましたか。

（しき…15てん　こたえ…10てん）

（しき）

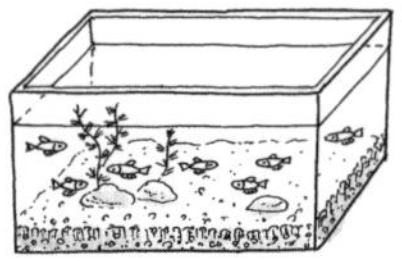

こたえ ＿＿＿＿＿＿

34 たしざん（くりあがり）④

学しゅう日　／

1回目　／100てん　こたえは101ページ　2回目　／100てん　できた！

1 つぎの　けいさんを　しましょう。（1もん4てん）

① 9＋5＝　② 7＋7＝

③ 4＋8＝　④ 6＋5＝

⑤ 7＋6＝　⑥ 9＋7＝

⑦ 9＋4＝　⑧ 5＋8＝

⑨ 8＋6＝　⑩ 4＋7＝

⑪ 2＋9＝　⑫ 8＋9＝

⑬ 9＋3＝　⑭ 6＋6＝

⑮ 7＋8＝

2 9にん　のった　バスが　きました。バスていで　5にん　のりました。
ぜんぶで　なんにんに　なりましたか。
（しき…10てん　こたえ…10てん）

（しき）

こたえ＿＿＿＿＿＿

3 おとこのこが　8にんと、おんなのこが　5にん　います。みんなに　あめを　1こずつ　あげます。
あめは　なんこ　いりますか。（しき…10てん　こたえ…10てん）

（しき）

こたえ＿＿＿＿＿＿

35 かたちあそび ①

学しゅう日　／

1回目　／100てん

こたえは 101ページ

2回目　／100てん

できた！

1 かたちの　なかまわけを　します。①～⑥の　ものを　㋐～㋒の　かたちに　わけましょう。（1もん10てん）

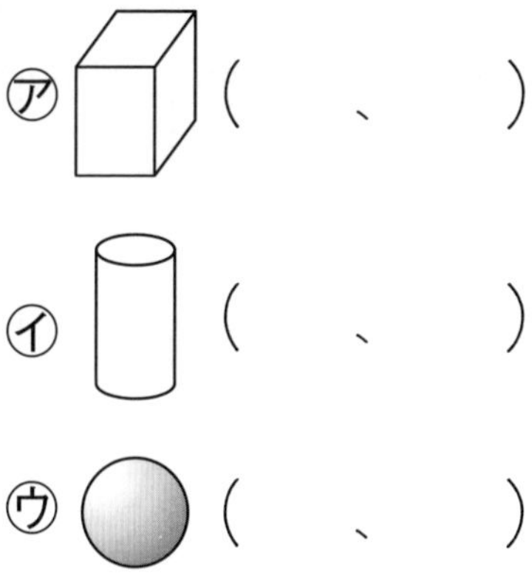

2 つぎの　かたちを　そのまま　さかの　うえに　おきます。
　ころがる　もの　2こに　○を　つけましょう。（1つ10てん）

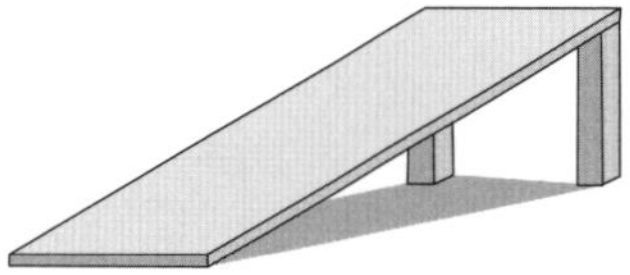

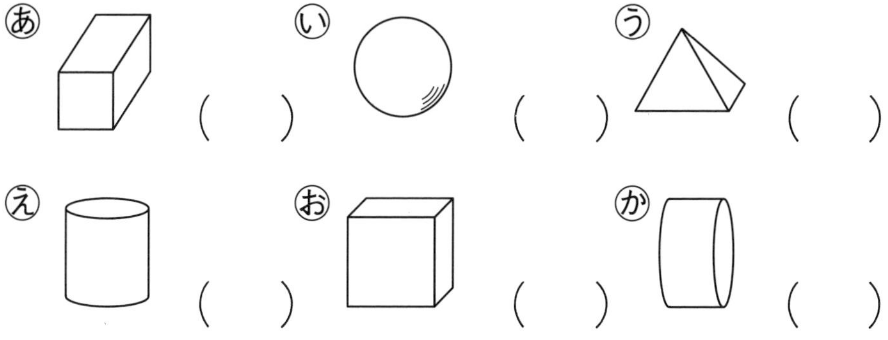

3 ①～③が　やじるしの　むきに　たおれた　とき、うえから　みると　どんな　かたちに　みえますか。（①、②…10てん　③…15てん）

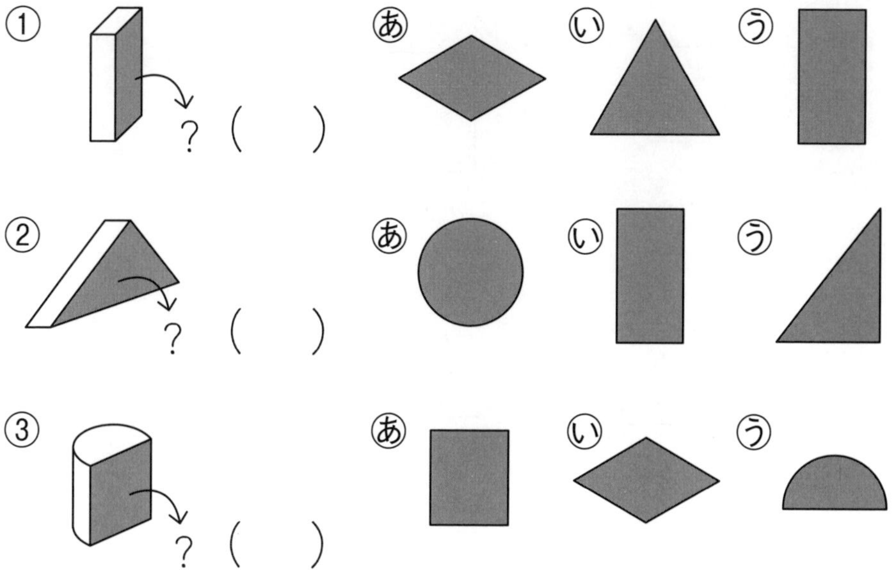

4 つぎの　かたちを　うつしとった　かたちを　せんで　むすびましょう。（1つ5てん）

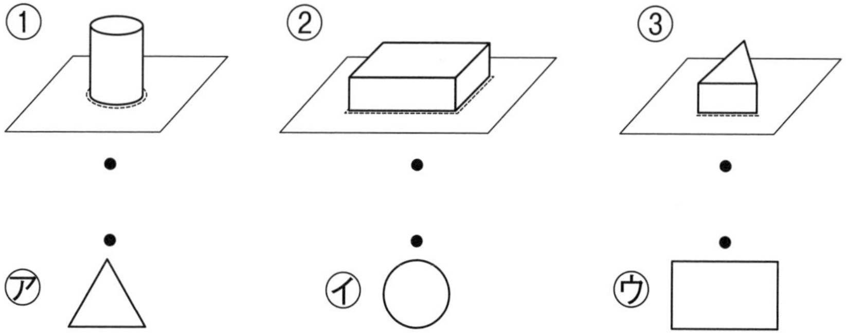

36 かたちあそび ②

学しゅう日　／　1回目　／100てん　こたえは 101ページ　2回目　／100てん　できた！

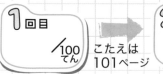

1 おなじ　ながさの　たけひごを　4ほん　つかって　できる　かたちを　①～⑤から　えらんで（　　）に　かきましょう。（1つ15てん）

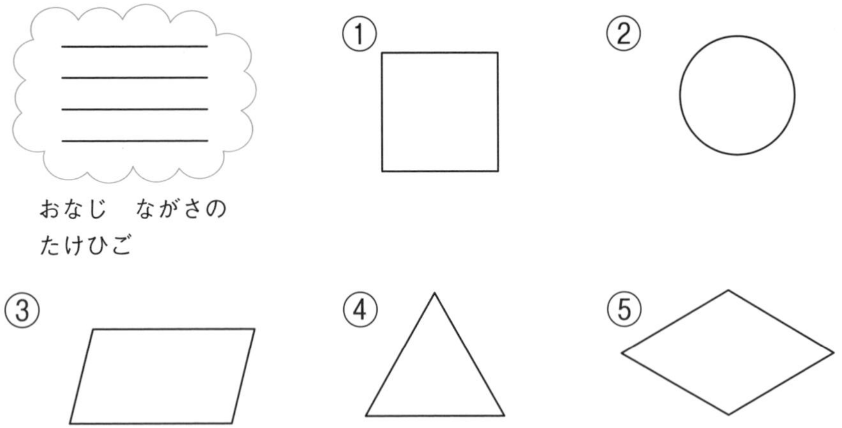

こたえ（　　）（　　）

2 ずの　なかで　てを　はなすと　たおれる　ものは　どれですか。○を　つけましょう。（15てん）

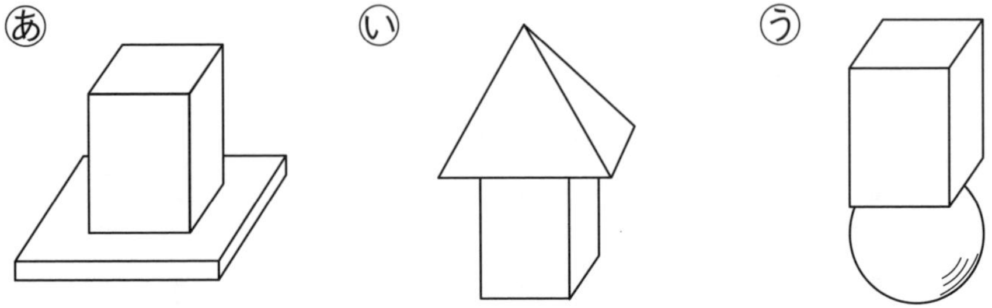

（　）　（　）　（　）

3 おりがみを　------で　きります。さんかくは　なんこ　できますか。（1もん5てん）

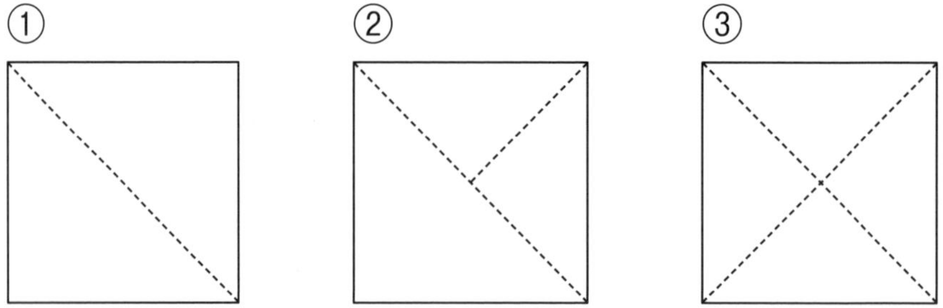

こたえ　　こ　　こたえ　　こ　　こたえ　　こ

4 つぎの　かみを　ひろげると　どんな　かたちが　できますか。せんで　むすびましょう。（1つ10てん）

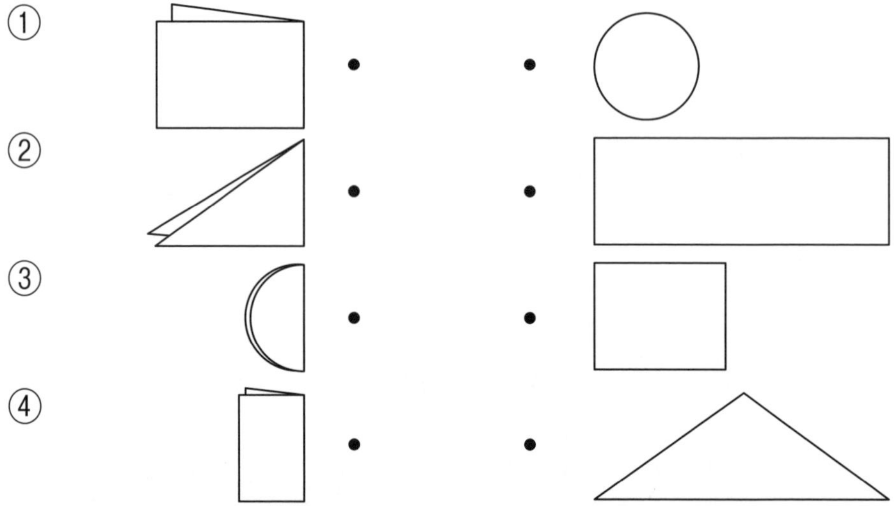

こたえは101ページ

37 ひきざん（くりさがり）①

1 しきと　こたえを　せんで　むすびましょう。（1つ3てん）

① 12−3　② 16−9　③ 11−7　④ 13−5　⑤ 12−7

㋐ 7　㋑ 9　㋒ 5　㋓ 4　㋔ 8

2 つぎの　けいさんを　しましょう。（1もん5てん）

① 15−9＝
(9)( )

② 12−8＝
(8)( )

③ 16−7＝
(7)( )

④ 13−5＝
(5)( )

⑤ 11−6＝
(6)( )

3 つぎの　けいさんを　しましょう。（1もん4てん）

① 16−8＝　② 14−9＝

③ 12−5＝　④ 13−6＝

⑤ 15−6＝　⑥ 11−4＝

⑦ 11−5＝　⑧ 13−9＝

⑨ 12−4＝　⑩ 14−5＝

⑪ 18−9＝　⑫ 11−9＝

⑬ 15−8＝　⑭ 14−7＝

⑮ 14−6＝

38 ひきざん（くりさがり）②

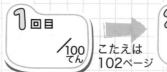

1 こたえが　7に　なる　カード　2つに　○を　つけましょう。（1つ4てん）

㋐ 13−6（　　）　㋑ 18−9（　　）

㋒ 14−6（　　）　㋓ 15−9（　　）

㋔ 16−8（　　）　㋕ 11−4（　　）

2 つぎの　□に　あてはまる　かずを　かきましょう。（1もん4てん）

① □−9＝6　② □−7＝6

③ □−5＝9　④ □−8＝4

⑤ 16−□＝8　⑥ 11−□＝7

⑦ 17−□＝9　⑧ 14−□＝5

3 つぎの　けいさんを　しましょう。（1もん4てん）

① 15−7＝　② 13−5＝

③ 12−9＝　④ 11−8＝

⑤ 15−6＝　⑥ 16−9＝

⑦ 14−8＝　⑧ 13−4＝

⑨ 12−6＝　⑩ 17−9＝

⑪ 11−2＝　⑫ 14−7＝

⑬ 13−9＝　⑭ 12−5＝

⑮ 11−6＝

39 ひきざん（くりさがり）③

学しゅう日　／

1回目　／100てん　こたえは102ページ　2回目　／100てん　できた！

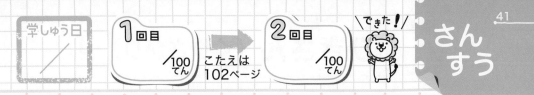

1 かぶとむしが　13びき　います。そのうち　7ひきは　めすです。おすは　なんびきですか。

（しき…15てん　こたえ…10てん）

（しき）

こたえ ＿＿＿＿＿＿

2 クッキーを　14こ　つくりました。6こ　ともだちに　あげました。
　クッキーは　なんこ　のこって　いますか。

（しき…15てん　こたえ…10てん）

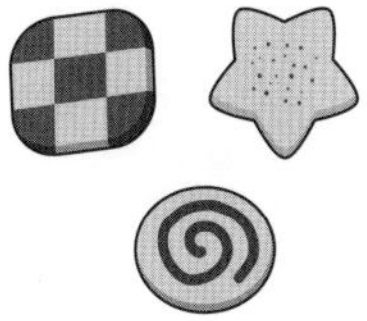

（しき）

こたえ ＿＿＿＿＿＿

3 きいろい　はなが　11ぽん　あります。あかい　はなは　5ほん　あります。
　きいろい　はなは　あかい　はなより　なんぼん　おおいですか。

（しき…15てん　こたえ…10てん）

（しき）

こたえ ＿＿＿＿＿＿

4 メロンを　8こ　かいました。すいかは　15こ　かいました。
　メロンは　すいかより　なんこ　すくないですか。

（しき…15てん　こたえ…10てん）

（しき）

こたえ ＿＿＿＿＿＿

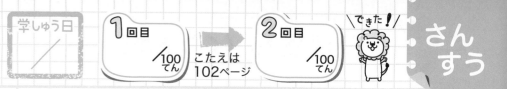

40 ひきざん（くりさがり）④

学しゅう日 ／

1回目 ／100てん

こたえは 102ページ

2回目 ／100てん

できた！

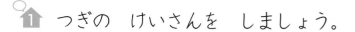

1 つぎの　けいさんを　しましょう。（1もん4てん）

① 11－2＝
② 14－9＝
③ 13－8＝
④ 12－8＝
⑤ 15－7＝
⑥ 13－9＝
⑦ 11－6＝
⑧ 18－9＝
⑨ 14－8＝
⑩ 12－4＝
⑪ 11－5＝
⑫ 13－7＝
⑬ 17－8＝
⑭ 12－3＝
⑮ 16－7＝

2 こどもが　12にん　います。かんジュースは　6ぽん　あります。みんなに　1ぽんずつ　くばるには、あと　なんぼん　いりますか。（しき…10てん　こたえ…10てん）

（しき）

こたえ

3 みつばちが　15ひき　います。くまばちは　8ぴき　います。どちらが　なんびき　おおいですか。（しき…10てん　こたえ…10てん）

（しき）

こたえ

41 おおきいかず ①

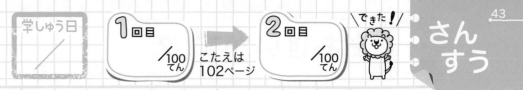

学しゅう日　／

1回目　／100てん　2回目　／100てん　できた！

こたえは102ページ

1 えを　みて　かずを　かぞえましょう。（1もん10てん）

① かぞえぼう

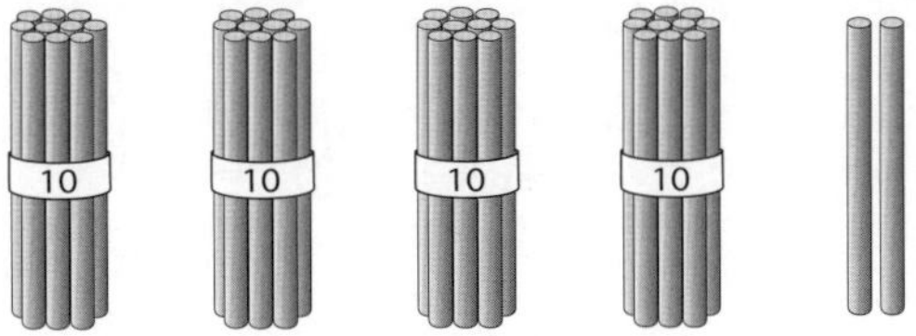

（　　　　）

② おはじき

（　　　　）

2 おおきい　ほうに　○を　つけましょう。（1もん4てん）

① （ 43、47 ）　② （ 72、52 ）

③ （ 4、31 ）　④ （ 26、62 ）

⑤ （ 101、99 ）

3 つぎの　かずを　かきましょう。（1もん7てん）

	百のくらい	十のくらい	一のくらい
① ろくじゅう　さん			
② はちじゅう　ご			
③ ひゃく　さん			
④ ひゃく　さんじゅう			

4 つぎの　□に　あてはまる　かずを　かきましょう。（1もん8てん）

①	50	55		65		75
②	40	50	60			90
③	68	66		62		58
④	100	95			80	75

42 おおきいかず ②

学しゅう日　／

1回目　／100てん

こたえは102ページ

2回目　／100てん

1 つぎの　かずの　せんの（　　）に　かずを　かきましょう。　（1もん3てん）

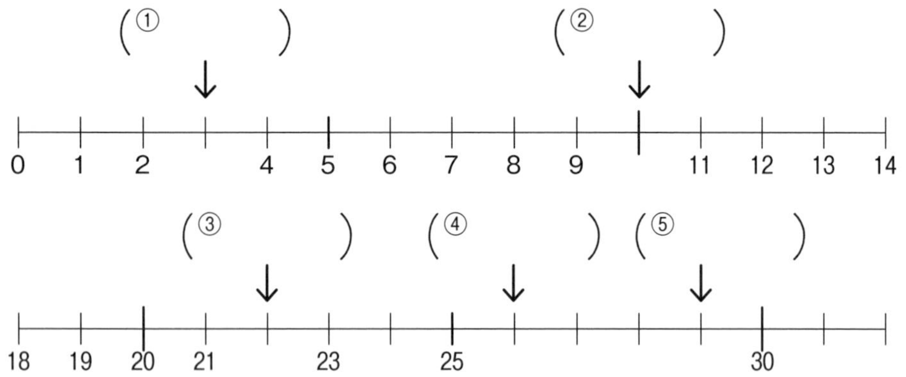

2 □に　あてはまる　かずを　かきましょう。　（□…1つ5てん）

① 90は　10を □ こ　あつめた　かずです。

② 74は　10を □ こと、1を □ こ　あつめた　かずです。

3 かずの　ちいさい　じゅんに（　　）に　1、2、3と　かきましょう。　（1もん6てん）

① 53　35　47
（　）（　）（　）

② 100　98　89
（　）（　）（　）

4 つぎの　けいさんを　しましょう。　（1もん4てん）

① 20＋5＝　　② 10＋40＝

③ 30＋13＝　　④ 40＋25＝

⑤ 16＋10＝　　⑥ 18－6＝

⑦ 60－20＝　　⑧ 50－40＝

⑨ 35－5＝　　⑩ 66－6＝

5 80えんの　けしごむを　1こ　かうのに、100えんだまを　だしました。
おつりは　いくらに　なりますか。　（しき…10てん　こたえ…8てん）

（しき）

こたえ ＿＿＿＿＿＿

43 ずをつかってかんがえよう ①

学しゅう日 ／

1回目 ／100てん　こたえは102ページ　2回目 ／100てん　できた！

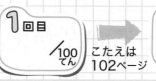

1 けんさんは、まえから　7ばんめに　います。けんさんの　うしろには、3にん　います。
ぜんぶで　なんにん　いますか。

（しき…15てん　こたえ…10てん）

〈ず〉

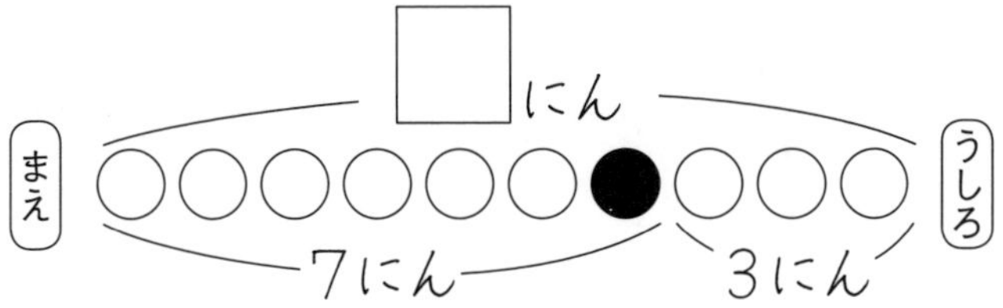

（しき）

こたえ＿＿＿＿＿＿

2 わたしは　まえから　8ばんめに　います。わたしの　うしろには　4にん　います。
ぜんぶで　なんにん　いますか。

（ず…10てん　しき…10てん　こたえ…5てん）

〈ず〉

（しき）

こたえ＿＿＿＿＿＿

3 11にん　ならんで　います。ゆうさんは、まえから　5ばんめに　います。
ゆうさんの　うしろには　なんにん　いますか。

（ず…10てん　しき…10てん　こたえ…5てん）

〈ず〉

（しき）

こたえ＿＿＿＿＿＿

4 9にん　ならんで　います。わたしは、うしろから　3ばんめに　います。わたしの　まえには　なんにん　いますか。

（ず…10てん　しき…10てん　こたえ…5てん）

〈ず〉

（しき）

こたえ＿＿＿＿＿＿

44 ずをつかってかんがえよう ②

学しゅう日 ／

1回目 ／100てん

こたえは 103ページ

2回目 ／100てん

できた！

1 いぬが　5ひき　います。ねこは、いぬより　4ひき　おおいです。
　ねこは、なんびき　いますか。（しき…15てん　こたえ…10てん）

〈ず〉

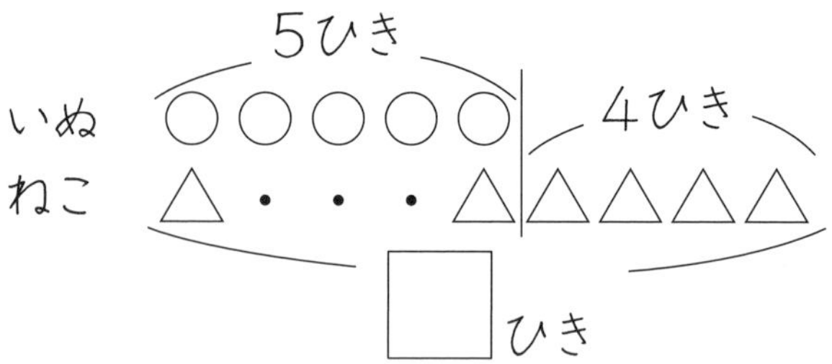

（しき）

こたえ ＿＿＿＿＿＿

2 ねぎが　6ぽん　あります。なすは　ねぎより　2ほん　おおい　そうです。
　なすは、なんぼん　ありますか。
（ず…10てん　しき…10てん　こたえ…5てん）

〈ず〉

（しき）

こたえ ＿＿＿＿＿＿

3 くわがたむしが　8ぴき　います。かぶとむしは　くわがたむしより　5ひき　おおいです。
　かぶとむしは　なんびき　いますか。
（ず…10てん　しき…10てん　こたえ…5てん）

〈ず〉

（しき）

こたえ ＿＿＿＿＿＿

4 おんなのこが　12にん　います。おとこのこは　おんなのこより　3にん　おおいです。
　おとこのこは　なんにん　いますか。
（ず…10てん　しき…10てん　こたえ…5てん）

〈ず〉

（しき）

こたえ ＿＿＿＿＿＿

45 ずをつかってかんがえよう ③

学しゅう日 ／

1回目 ／100てん

こたえは103ページ

2回目 ／100てん

できた！

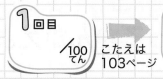

1 うさぎが　9ひき　います。りすは、うさぎより　4ひき　すくないです。りすは　なんびき　いますか。

（しき…15てん　こたえ…10てん）

〈ず〉

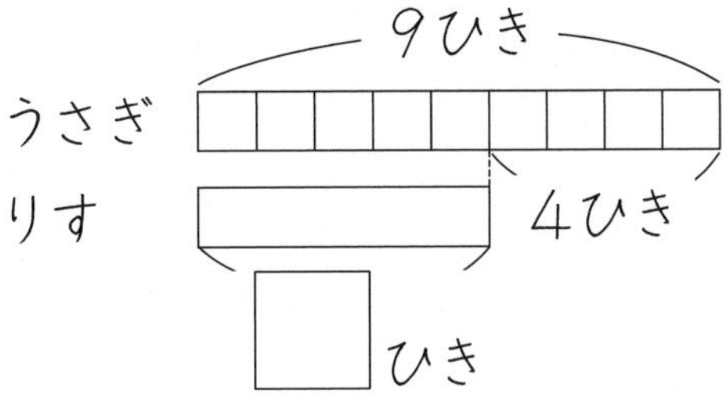

（しき）

こたえ ＿＿＿＿＿＿

2 りんごが　13こ　あります。なしは、りんごより　3こ　すくないです。なしは　なんこ　ありますか。

（ず…10てん　しき…10てん　こたえ…5てん）

〈ず〉

（しき）

こたえ ＿＿＿＿＿＿

3 かにが　12ひき　います。えびは、かにより　5ひき　すくないです。えびは　なんびき　いますか。

（ず…10てん　しき…10てん　こたえ…5てん）

〈ず〉

（しき）

こたえ ＿＿＿＿＿＿

4 ガムが　14こ　あります。グミは、ガムより　6こ　すくないです。グミは　なんこ　ありますか。

（ず…10てん　しき…10てん　こたえ…5てん）

〈ず〉

（しき）

こたえ ＿＿＿＿＿＿

46 ずをつかってかんがえよう ④

学しゅう日　／

1回目　／100てん

こたえは103ページ

2回目　／100てん

できた！

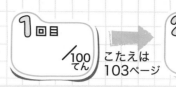

1 ふうせんが　11こ　ありました。3こ　あげました。のこって　いるのは、なんこですか。

（しき…15てん　こたえ…10てん）

〈ず〉

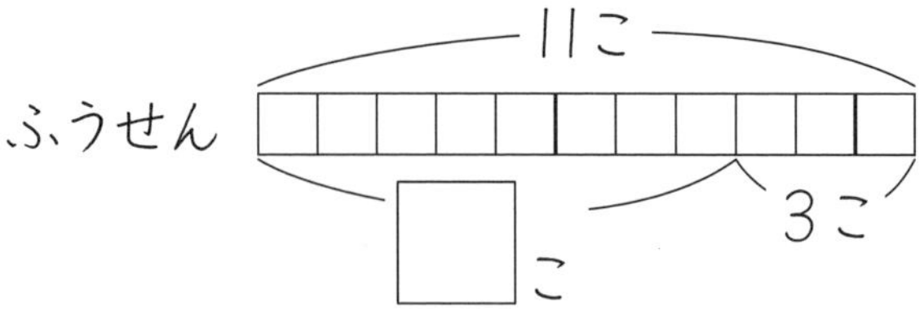

（しき）

こたえ＿＿＿＿＿＿

2 おとこのこと　おんなのこが　あわせて　12にん　います。おとこのこは　7にんです。おんなのこは　なんにん　いますか。　（ず…10てん　しき…10てん　こたえ…5てん）

〈ず〉

（しき）

こたえ＿＿＿＿＿＿

3 えんぴつが　なんぼんか　ありました。にいさんから　6ぽん　もらって、ぜんぶで　14ほんに　なりました。
えんぴつは、はじめ　なんぼん　ありましたか。

（ず…10てん　しき…10てん　こたえ…5てん）

〈ず〉

（しき）

こたえ＿＿＿＿＿＿

4 ケーキが　なんこか　ありました。みんなで　5こ　たべましたが、まだ　8こ　のこって　います。
ケーキは　はじめ　なんこ　ありましたか。

（ず…10てん　しき…10てん　こたえ…5てん）

〈ず〉

（しき）

こたえ＿＿＿＿＿＿

1 がっこうたんけん

学しゅう日 ／

1回目 ／100てん　こたえは104ページ　2回目 ／100てん　できた！

がっこうたんけんを　しました。

□に　へやの　名(な)まえを、○に　その　せつめいを　した　文(ぶん)の　ばんごうを、それぞれ　[ ]から　えらんで　かきましょう。

（□…1つ10てん、○…1つ8てん）

へやの　名まえ

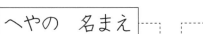

- ほけんしつ
- としょしつ
- たいいくかん
- きゅうしょくしつ
- きょうしつ
- 音(おん)がくしつ

へやの　せつめい

① びょう気(き)や　けがの　ときに　みて　もらう。

② うたや　がっそうを　する。

③ 本(ほん)が　たくさん　ある。

④ きゅうしょくを　つくる。

⑤ べんきょうや　はなしあいを　する。

⑥ たいいくの　べんきょうを　する。

㋐ ○ □

㋑ ○ □

㋒ ○ □

㋓ ○ □

㋔ ○ □

㋕ ○ □

2 校ていたんけん

学しゅう日 ／

1回目 ／100てん

こたえは 104ページ

2回目 ／100てん

できた！

下(した)の　校(こう)ていの　えを　見(み)て、あとの　もんだいに　こたえましょう。　（（　）…1つ10てん）

(1)　Ⓐ〜Ⓚまでの　名(な)まえを　□から　えらんで　かきましょう。

あ（　　　　　）　い（　　　　　）

う（　　　　　）　え（　　　　　）

お（　　　　　）　か（　　　　　）

すなば　てつぼう　花(か)だん　ジャングルジム　うんてい　いけ

(2)　すきな　ばしょを　1つ　かきましょう。

（　　　　　）

(3)　「しいくごや」には　なにが　いますか。

（　　　　　）

(4)　えには　なにが　さいて　いますか。

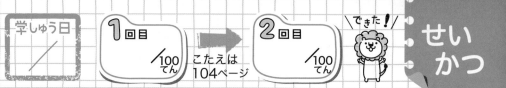

（　　　　　）（　　　　　）

3 あんぜんに気をつけよう

学しゅう日　／

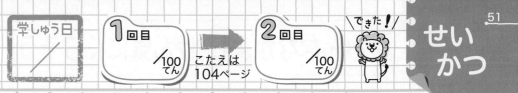

1回目　／100てん　　こたえは104ページ　　2回目　／100てん　　できた！

1 つう学ろで　つぎのような　ひょうしきや　かんばんを　見つけました。えの　せつめいに　あう　文を　せんで　むすびましょう。（1つ10てん）

① 

・　　・あ 川に　入ると　きけんです。

② 

・　　・い こまった　ことや　きけんな　ことが　あれば、ここで　たすけて　もらいます。

③ 

・　　・う ここは　どうろを　わたっては　いけません。

④ 

・　　・え いったん　とまって　気を　つけて　おうだんほどうを　わたりましょう。

2 つぎの　えで　あんぜんに　気を　つけて　いる　ことには　○を、あぶない　ことには　×を　（　　）に　つけましょう。（1もん10てん）

①（　　）

②（　　）

③（　　）

④（　　）

⑤（　　）

⑥（　　）

4 みんななかよし げん気にくらそう

こたえは104ページ

1 あいさつは　あいてを　見(み)て、げん気(き)　よく　しましょう。つぎの　えの　ふきだしに　あてはまる　ことばを　□から　えらんで　かきましょう。

（1もん10てん）

①

しょくじの　まえ

②

しょくじの　あと

③

あさの　くつばこ

④

かえる　とき

⑤

よる

さようなら　　おはよう　　ごちそうさまでした
いただきます　　おやすみなさい

2 けんこうな　くらしを　して　いる　ものに　○を　つけましょう。

（1もん10てん）

① □

はやね・はやおき

② □

あさごはん

③ □

はみがき・おふろ

④ □

手(て)あらい

⑤ □

きのう　つかった　ハンカチ

⑥ □

がらがら　うがい

5 たねをまこう

学しゅう日　／

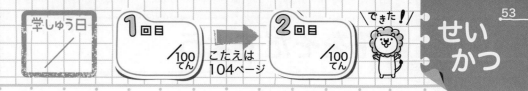

1回目　／100てん　こたえは104ページ　2回目　／100てん　できた！

1 つぎの　えは　たねまきの　ようすを　あらわして　います。大(おお)きい　たねと　小(ちい)さい　たねの　どちらでしょうか。(　　)に　かきましょう。(1もん20てん)

① (　　　　　　　　)たね

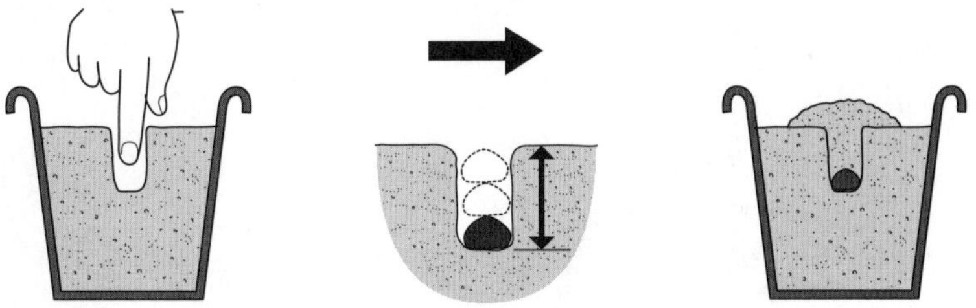

② (　　　　　　　　)たね

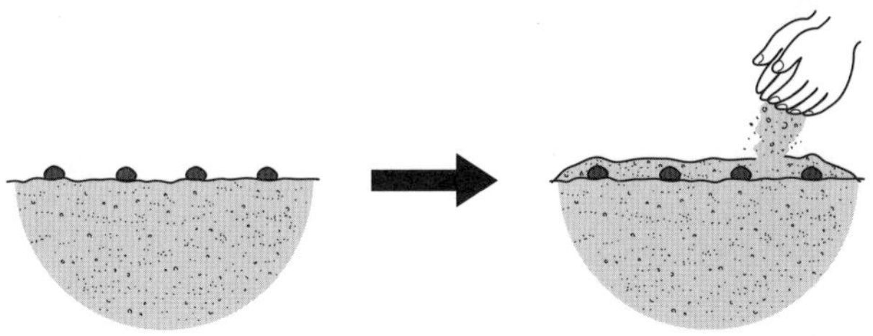

うすく　土(つち)を　かぶせる

2 あさがおの　たねを　まきます。まく　じゅんに　ばんごうを　(　　)に　かきましょう。(1つ10てん)

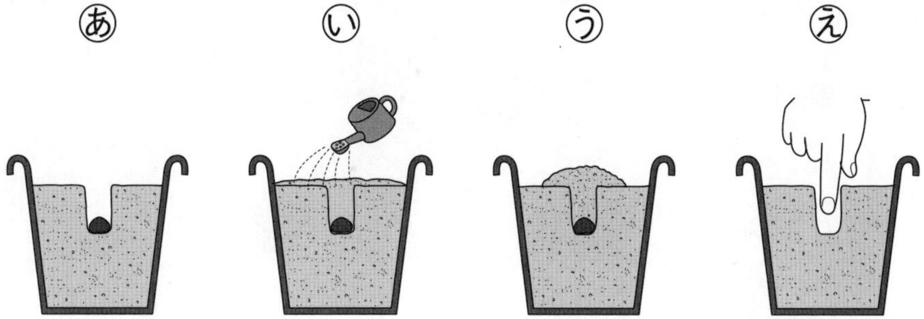

(　　　)(　　　)(　　　)(　　　)

3 たねまきを　した　あとに　ふだを　つけます。よい　ほうに　○を　つけましょう。(20てん)

①

(　　　)

②

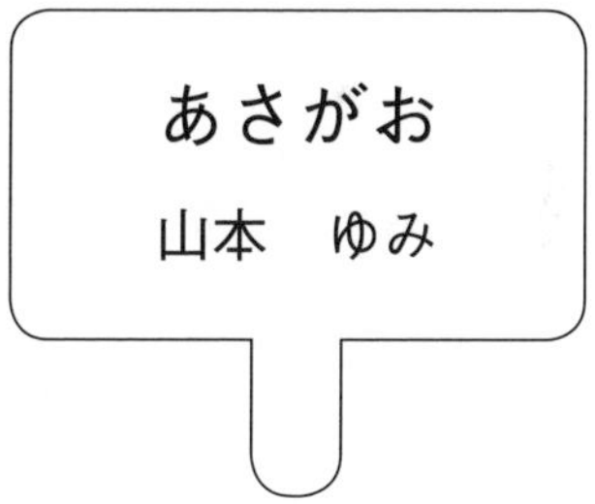

(　　　)

6 花をそだてよう

学しゅう日　／

1回目　／100てん　こたえは104ページ　2回目　／100てん　できた！

1 あさがおが　そだって　いく　えです。そだって　いく　じゅんに　なるように　(　　)に　ばんごうを　かきましょう。　(1つ15てん)

あ

(　　　)

い

(　　　)

う

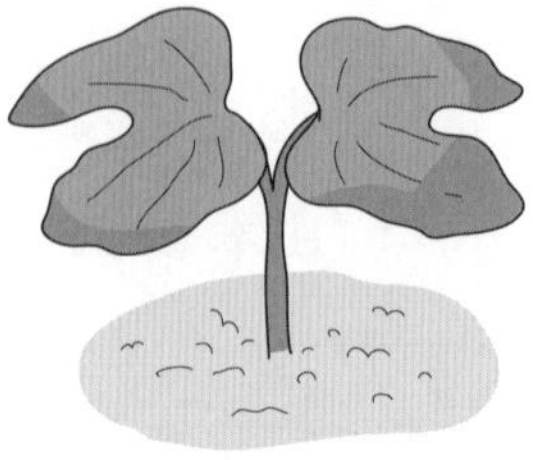

(　　　)

え

(　　　)

2 いろいろな　たねを　そだてます。つぎの　たねは　どんな　花(はな)が　さきますか。せんで　むすびましょう。　(1つ10てん)

① 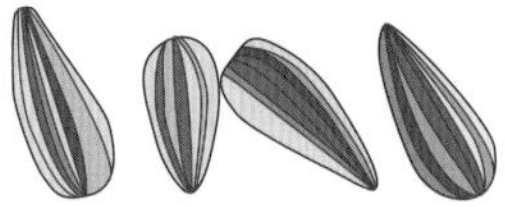

ひまわり

・　　・あ 

② 

マリーゴールド

・　　・い 

③ 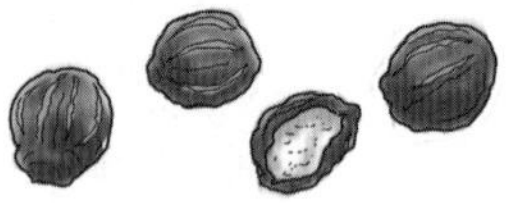

おしろいばな

・　　・う 

④ 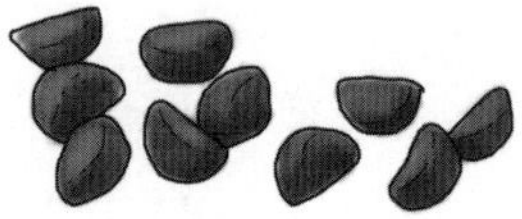

あさがお

・　　・え 

7 こうえんで あそぼう

学しゅう日　／

1回目　／100てん　2回目　／100てん

こたえは 104ページ

できた！

1 つぎの　えは　こうえんに　ある　ものです。名(な)まえを　[ ]から　えらんで　かきましょう。

（1もん12てん）

①
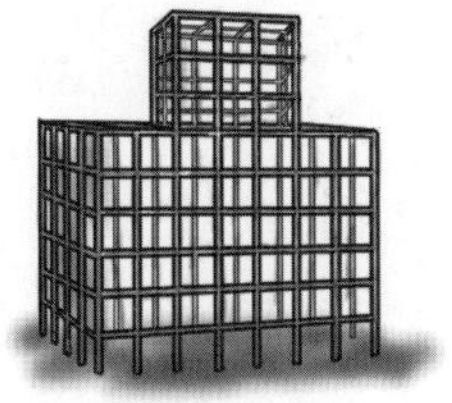

②

③

④

⑤

ぶらんこ　　すなば
ジャングルジム
すべりだい
ばねの　のりもの

2 こうえんで　あそぶ　とき、どんな　ことに　気(き)を　つけますか。えの　せつめいに　あう　文(ぶん)を　せんで　むすびましょう。

（1つ10てん）

① ・

② ・

③ ・

④ ・

・あ　ともだちに　いわないで　一人(ひとり)で　トイレなどに　いかない。

・い　赤(あか)ちゃんが　ねて　いる　ときは　しずかに　する。

・う　じゅんばんを　まもって、ちゃんと　ならぶ。

・え　花(か)だんに　うえて　いる　花(はな)などを　おったり　しない。

8 かんさつしよう

学しゅう日　／

1回目　／100てん

こたえは104ページ

2回目　／100てん

できた！

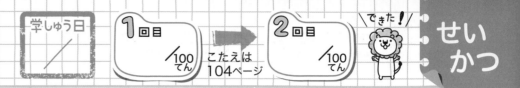

校ていで 見つけた ことを『見つけたよカード』に かきました。あとの もんだいに こたえましょう。

（1もん20てん）

見つけたよカード

だんごむし

5月 17日 火よう日

名まえ　まきた いちろう

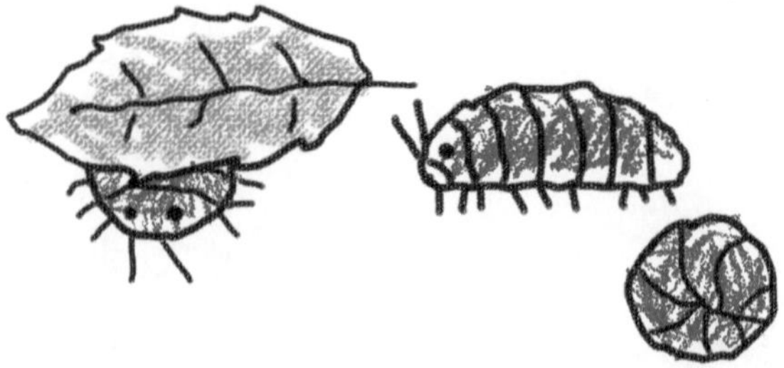

かれはの 下に だんごむしを 見つけました。はっぱで さわると すぐに まるく なりました。

なにを たべて いるのかな、と おもいました。

① 見つけた ものは なにですか。

（　　　　　　　）

② いつ 見つけましたか。

（　　　）月（　　　）日

③ どこに いましたか。

（　　　　　　　）

④ はっぱで さわると どう なりましたか。

［　　　　　　　］

⑤ これを 見て どう おもいましたか。

［　　　　　　　］

9 はるをさがそう

学しゅう日 ／

1回目 ／100てん

こたえは104ページ

2回目 ／100てん

できた！

1 つぎの えは、はるの 生(い)きものを あらわして います。えの 名(な)まえを せんで むすびましょう。

（1つ10てん）

(1)

① 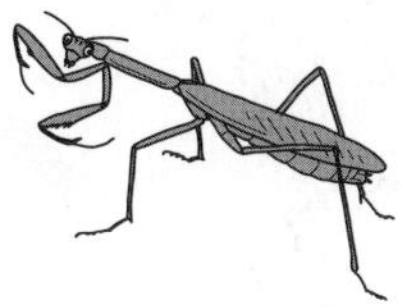

② 

③ 

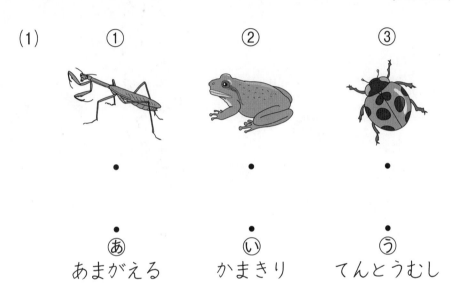

Ⓐ あまがえる　Ⓘ かまきり　Ⓤ てんとうむし

(2)

① 

② 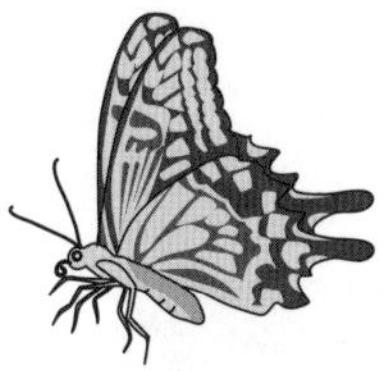

③ 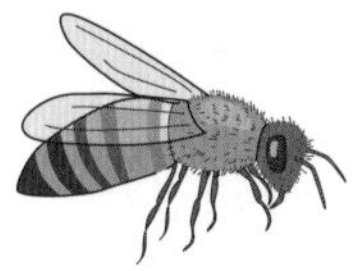

Ⓐ つばめ　Ⓘ みつばち　Ⓤ あげはちょう

2 つぎの えは、はるの 草花(くさばな)を つかった あそびを あらわして います。つかって いる 草花を せんで むすびましょう。

（1つ10てん）

① 

つなぎあそび

② 

すず

③ 

かざりもの

④ 

水(すい)しゃ

Ⓐ 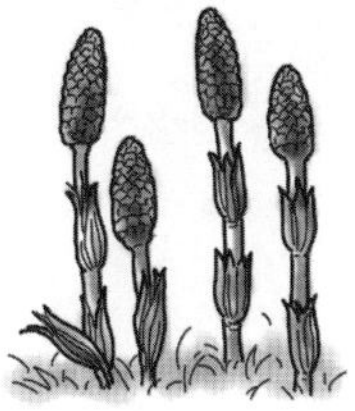
つくし

Ⓘ 
しろつめくさ

Ⓤ 
なずな

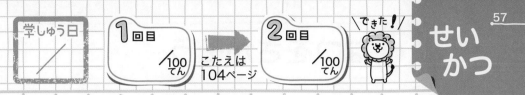

Ⓔ 
たんぽぽ

10 なつをさがそう

こたえは104ページ

1 つぎの　えは　なつの　生(い)きものを　あらわして　います。えの　名(な)まえを　せんで　むすびましょう。

（1つ10てん）

(1)

① 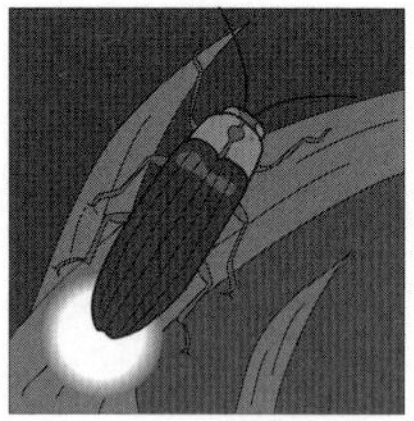

② 

③ 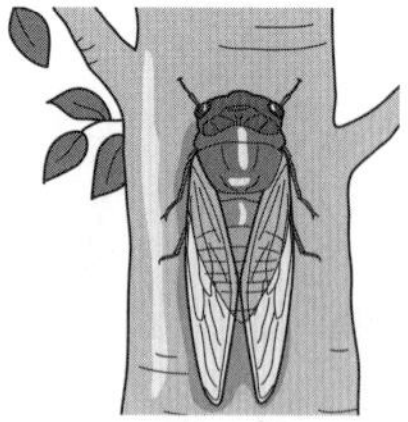

あ　くまぜみ　　い　ほたる　　う　かぶとむし

(2)

① 

② 

③ 

あ　とんぼ　　い　かたつむり　　う　くわがたむし

2 つぎの　えは　なつの　草花(くさばな)を　つかった　あそびを　あらわして　います。つかって　いる　草花を　せんで　むすびましょう。

（1つ10てん）

① 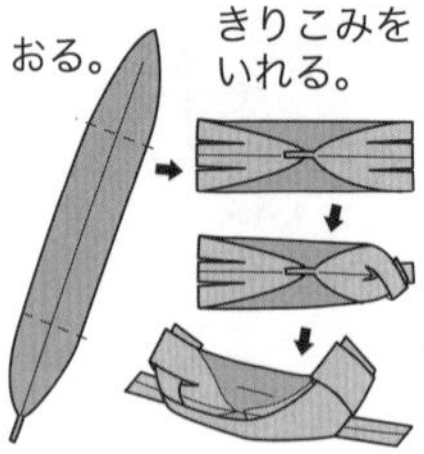
おる。
きりこみを
いれる。

ささぶね

② 
きれた ほうが
まけだよ。

草ずもう

③ 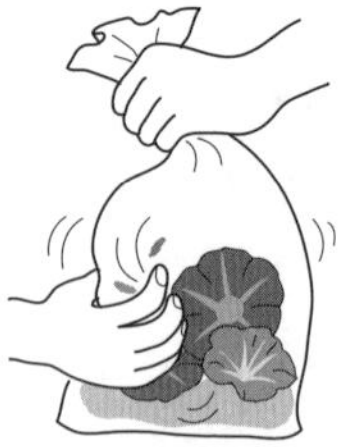

いろ水(みず)

④ 

おめん

あ 

おおばこ

い 

ささ

う 

さといも

え 

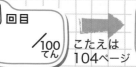

あさがお

11 あきをさがそう

学しゅう日 ／

1回目 ／100てん

こたえは105ページ

2回目 ／100てん

できた！

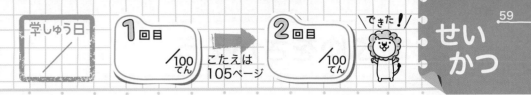

1 つぎの　えは　あきの　虫を　あらわして　います。えの　名まえを　せんで　むすびましょう。（1つ10てん）

①

②

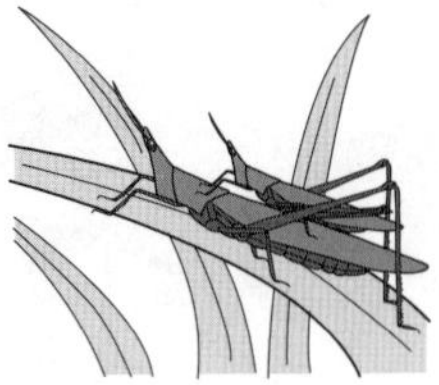

③

Ⓐ こおろぎ　　Ⓘ あきあかね　　Ⓤ おんぶばった

2 あきに　なると　草花の　はっぱの　いろが　かわって　きます。はっぱが　赤く　なる　ほうに　○を　つけましょう。（10てん）

①

（　　　）

②

（　　　）

3 つぎの　えは　あきの　あそびを　あらわして　います。つかって　いる　草花や　虫を　せんで　むすびましょう。（1つ20てん）

①

②

③

Ⓐ

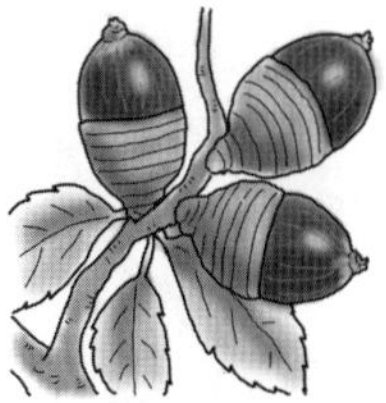

どんぐり

Ⓘ

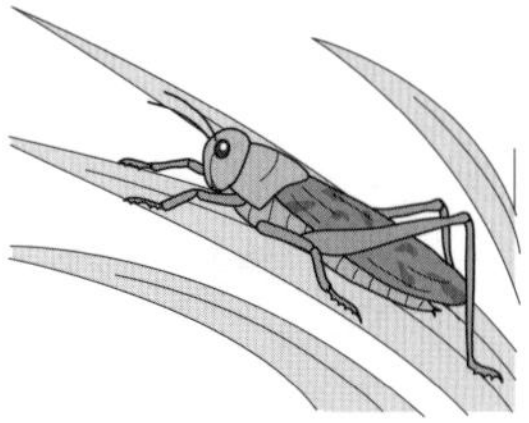

とのさまばった

Ⓤ

おなもみ

12 ふゆをさがそう

学しゅう日　／

1回目　／100てん　こたえは105ページ　2回目　／100てん　できた！

1 つぎの　えは　ふゆの　すごしかたを　あらわして　います。えの　せつめいに　あう　ものを　せんで　むすびましょう。（1つ20てん）

①

たまごが
たくさん
入った　ふくろ

②

はっぱを
ぜんぶ　おとした
木の　め

③

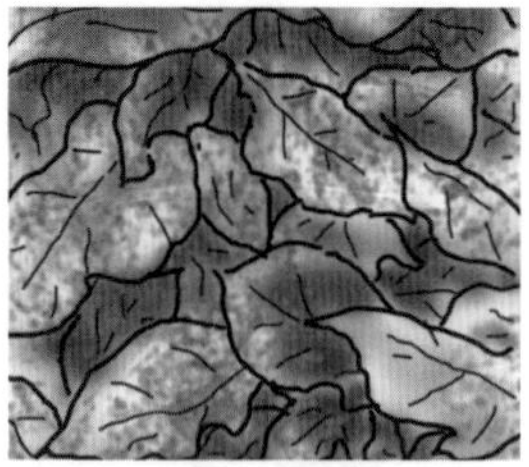

おちばの　下で
さむさから
みを　まもる

㋐

てんとうむし

㋑

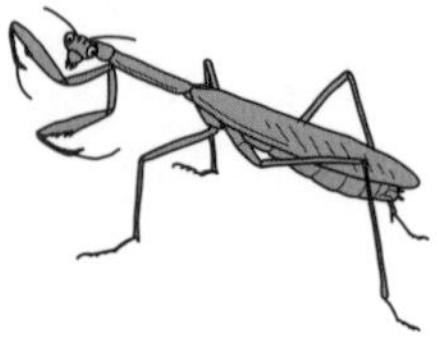

かまきり

㋒

さくら

2 つぎの　えの　中で　ふゆに　する　あそびには（　）に　○を　つけましょう。（1もん10てん）

① ゆきがっせん

（　　）

② ゆきだるま

（　　）

③ 川あそび

（　　）

④ そりすべり

（　　）

⑤ すなばで　水あそび

（　　）

⑥ スケート

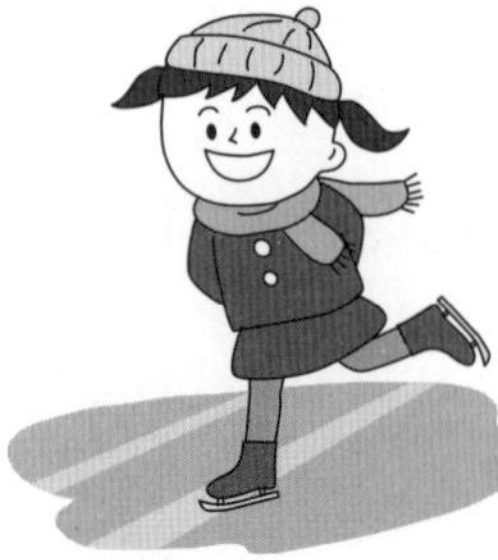

（　　）

13 じぶんでできるよ

学しゅう日 ／

1回目 ／100てん

こたえは105ページ

2回目 ／100てん

できた！

つぎの　えで　じぶんが　できる　ことには　□に　○を　つけましょう。
また（　　）に　あてはまる　ことばを　⬚から　えらんで　かきましょう。　（1もん20てん）

① □

（　　　　　　　）

② □

（　　　　　　　）

③ □

（　　　　　　　）

④ □

（　　　　　　　）

⑤ □

（　　　　　　　）

早(はや)ね
早おき
あさごはん
きがえ
はみがき

14 わたしが てつだうよ

学しゅう日 ／

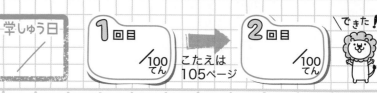

1回目 ／100てん　こたえは105ページ　2回目 ／100てん　できた！

つぎの　ことで　わたしが　てつだって　いる　ことには □に ○を　つけましょう。
また　その　しごとを　[　]から　えらんで　（　　）に　かきましょう。　（1もん20てん）

①

□

（　　　　　）

②

□

（　　　　　）

③

□

（　　　　　）

④

□

（　　　　　）

⑤

□

（　　　　　）

ごみだし
おもちゃの　かたづけ
ごはんの　ようい
そうじ
ごはんの　かたづけ

15 つくってあそぼう

学しゅう日　／

1回目　／100てん　こたえは105ページ　2回目　／100てん　できた！

1 みの　まわりに　ある　もので　おもちゃを　つくります。
　つかう　ものを　せんで　むすびましょう。

（ぜんぶあって　40てん）

① 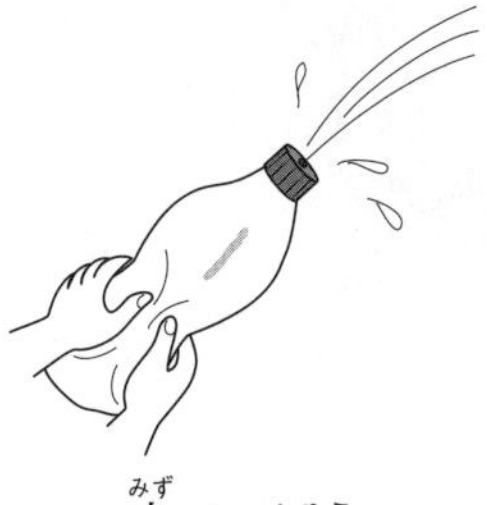
水でっぽう

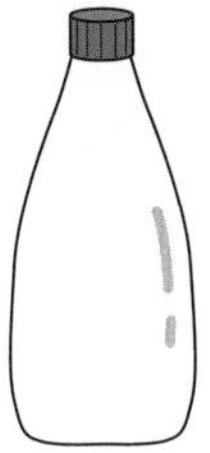
マヨネーズなどの入れもの

② 
かざぐるま

竹ひご
糸
ポリぶくろ

③ 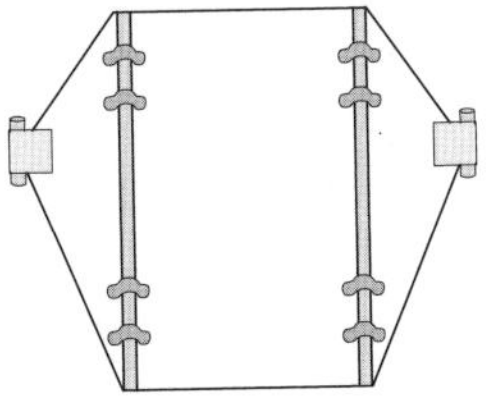
ぐにゃぐにゃだこ

マッチぼう
ストロー
かみコップ

2 つぎの　おもちゃと　その　せつめいの　文を　せんで　むすびましょう。

（1つ20てん）

ぶんぶんごま
① 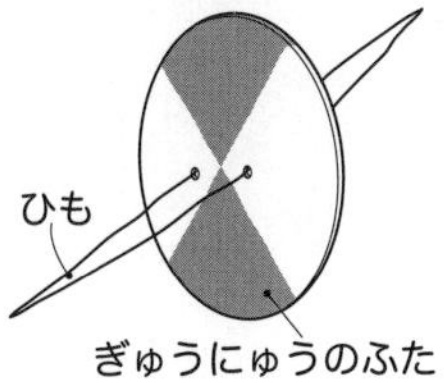

あ　バランス　よく　どこにでも　たちます。

やじろべえ
② 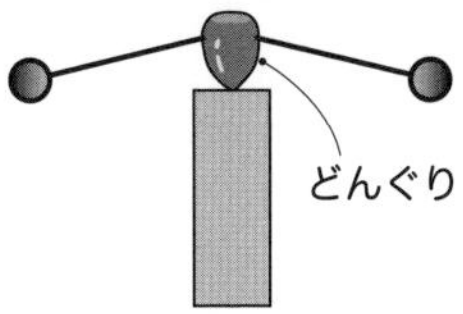

い　まとに　むかって　なげます。

おなもみダーツ
③ 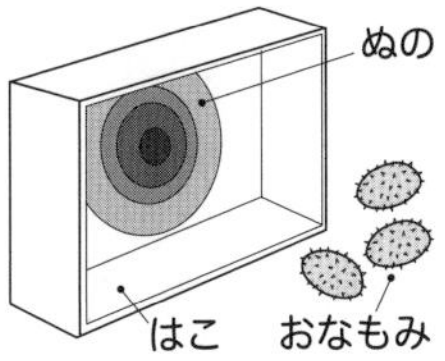

う　りょうはしの　ひもを　ひくと　まわります。

16 いろいろなあそびやぎょうじ

学しゅう日　／

1回目　／100てん

こたえは
105ページ

2回目　／100てん

できた！

つぎの　あそびや　ぎょうじの　中(なか)で　した　ことが　ある　ものには　□に　○を　つけましょう。
また　えの　名(な)まえは　┆　┆から　えらんで　（　　）に　かきましょう。　（1つ20てん）

①　□
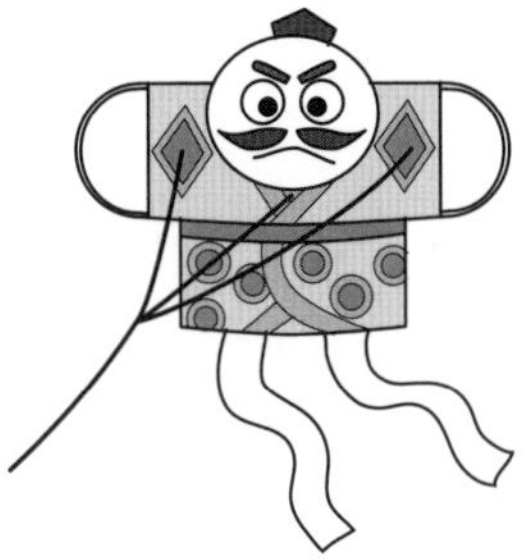
（　　　　　　）

②　□

（　　　　　　）

③　□

（　　　　　　）

④　□

（　　　　　　）

⑤　□

（　　　　　　）

けん玉(だま)
たこあげ
もちつき
まめまき
かるたとり

1 こうらのかたちが ちがうカメ

学しゅう日　／

1回目　／100てん

2回目　／100てん

できた！

こたえは106ページ

文しょうを よんで、こたえましょう。

せかいで 一ばん 大きな カメは ゾウガメです。おなじ ゾウガメでも、たべものが ある ところによって こうらの かたちが ちがって います。

草が おおい ところの ゾウガメは、あたまを 上げなくても たべられるので、「ドームがた」に なって います。

また、草が ほとんど ない ところの ゾウガメは、わずかな サボテンを たべる ために あたまを 上げます。だから、くびの あたりの こうらが めくれて いる「くらがた」に なって います。

ドームがた

くらがた

(1) せかいで 一ばん 大きな カメは、なにガメですか。（15てん）

［　　　　］

(2) こうらの かたちは、なにに よって ちがいますか。（15てん）

［　　　　］

(3) つぎの ところの こうらは どんな かたちに なって いますか。（1つ15てん）

① 草が おおい ところ。

［　　　　］

② サボテンしか ない ところ。

［　　　　］

(4) どうして (3)の ①・②の かたちに なったのですか。（1もん20てん）

① あたまを

［　　　　］から

② あたまを

［　　　　］から

こくご

2 かんじ ①

学しゅう日 ／

1回目 ／100てん

2回目 ／100てん

できた！

こたえは 106ページ

1 つぎの ―― の よみを かきましょう。（1もん4てん）

① ふじ山（　）は 日本一（　）。

② ふん水（　）の 下（　）。

③ 川（　）の そばで 花火（　）。

④ 金よう日（　）（　）に 休む（　）。

⑤ 子犬（　）が 生まれる（　）。

⑥ 草むら（　）の 虫（　）。

2 □に からだの ぶぶんを あらわす かんじを かきましょう。（1もん5てん）

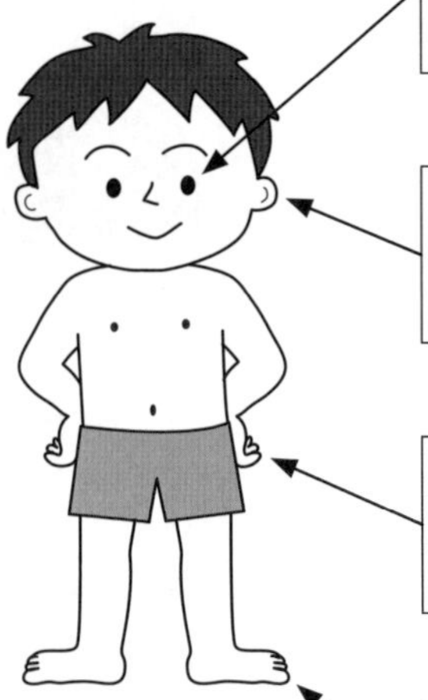

① □

② □

③ □

④ □

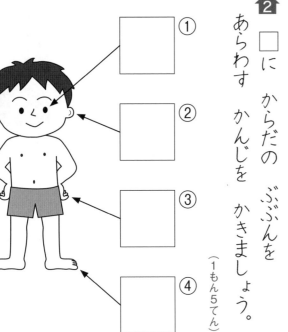

3 つぎの □に かんじを かきましょう。（1もん8てん）

① □（おお）きな □（き）が ある。

② □（もり）や □（はやし）に いく。

③ □（やま）が □（あか）く なる。

④ □□（ゆうひ）が きれい。

⑤ まん□（まる）い □（つき）。

⑥ □（あめ）が □（あ）がった。

⑦ □□（あおぞら）に なる。

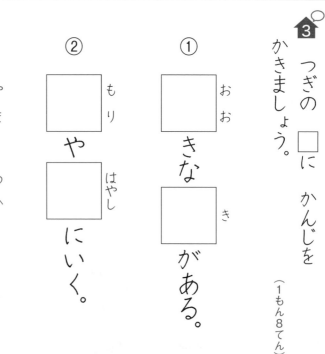

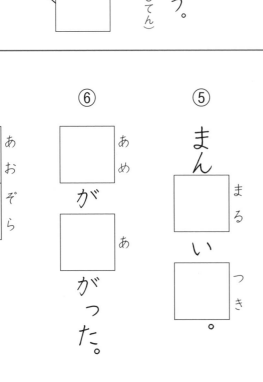

3 とりのくちばし

文しょうを よんで、こたえましょう。

とりの くちばしは いろいろな かたちを して います。

キツツキの くちばしは、とがって います。その くちばしで 木に あなを あけて、木の 中に いる 虫を たべます。

オウムの くちばしは、先が まがって います。かたい たねの からを わって、中の みを たべます。

ヘラサギは、しゃもじのような くちばしを もって います。この ながい くちばしを 水の 中に 入れて 左右に ふり、くちばしに あたった えものを たべます。

このように、くちばしの かたちは たべものに よって かわって いるのです。

キツツキ

オウム

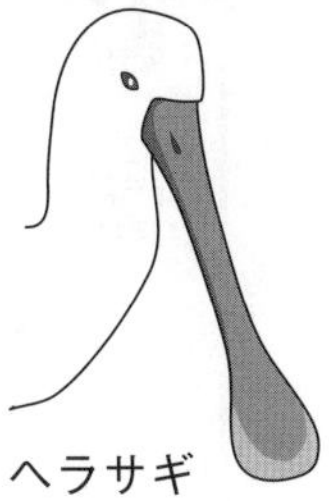
ヘラサギ

(1) ①〜③の とりの くちばしは、どんな かたちですか。（1もん20てん）

① キツツキ 〔　　〕かたち

② オウム 〔　　〕かたち

③ ヘラサギ 〔　　〕ような かたち

(2) ①〜③の ことが できるのに べんりな くちばしを もって いる とりを かきましょう。（1もん10てん）

① かたい たねの からを わる。〔　　〕

② 水の 中の えものを さがす。〔　　〕

③ 木に あなを あける。〔　　〕

(3) とりの くちばしは、なにに よって かわって いるのですか。（10てん）

〔　　〕

こたえは 106ページ

こくご

4 かんじ ②

学しゅう日　／

1回目　／100てん

2回目　／100てん

できた！ こたえは106ページ

1 つぎの ―― の よみを かきましょう。（1もん4てん）

① 大（　　）すきな 音（　　）がく。

② 雨水（　　）が 入（　　）る。

③ 空（　　）きかんが 三（　　）つ。

④ 夕日（　　）が 赤（　　）い。

⑤ 円（　　）い 月（　　）が きえた。

⑥ 青（　　）い 糸車（　　）。

2 ばらばらに なった かんじを 正（ただ）しく かきましょう。（1もん5てん）

① エ ナ　□

② 亠 乂　□

③ 目 八　□

④ 月 圭　□

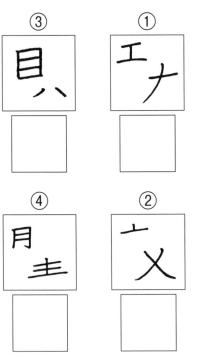

3 つぎの □に かんじを かきましょう。（1もん8てん）

① □（た）の □（くさ）とり。

② □（よん）ひき □（むし）が いた。

③ □（ろっ）ぴきの □（いぬ）。

④ かぜが □（で）てきた。

⑤ □（ここの）つのビー □（だま）。

⑥ □（おとこ）の子（こ）が □□（いちめい）。

⑦ □□（せんえん）もらった。

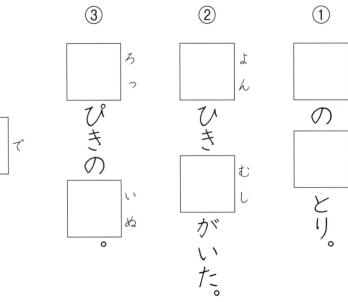

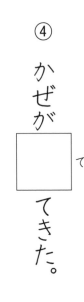

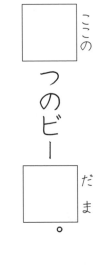

5 フラミンゴの赤ちゃん

学しゅう日 ／

1回目 ／100てん

2回目 ／100てん

できた！ こたえは106ページ

文しょうを よんで、こたえましょう。

フラミンゴの 赤ちゃんは、一か月ほどで たまごから 生まれます。

ひなは、五日も すると、おやどりの まねを して 水に 入ったり、かた足を まげたりします。

ひなの いろは、はじめ はいいろや 白いろですが、おやどりから もらう フラミンゴミルクで だんだん ピンクいろに なって いきます。㋐この ミルクは、口の 先から 出る まっ赤な しるで、おとうさんフラミンゴからも 出るそうです。

エサを もらって いる ところ

(1) フラミンゴの 赤ちゃんは、どれぐらいで たまごから 生まれますか。(10てん)

［　　　　］

(2) 生まれて 五日 たった ひなは、なにを しますか。(1つ10てん)

① 水に ［　　　　］。

② かた足を ［　　　　］。

(3) ひなは はじめ なにいろですか。(15てん)

［　　　　］

(4) ㋐は、どんな ミルクで、どこから 出て、なにいろを して いますか。(1つ10てん)

① □□□□□ ミルク

② 出る ところ ［　　　　］

③ いろ ［　　　　］

(5) ㋐を もらうと、ひなは なにいろに なって きますか。(15てん)

［　　　　］

(6) ㋐は おとうさんフラミンゴからも 出ますか。(10てん)

［　　　　］

こくご

6 ひらがなとかたかな

学しゅう日 ／

1回目 ／100てん

2回目 ／100てん

1

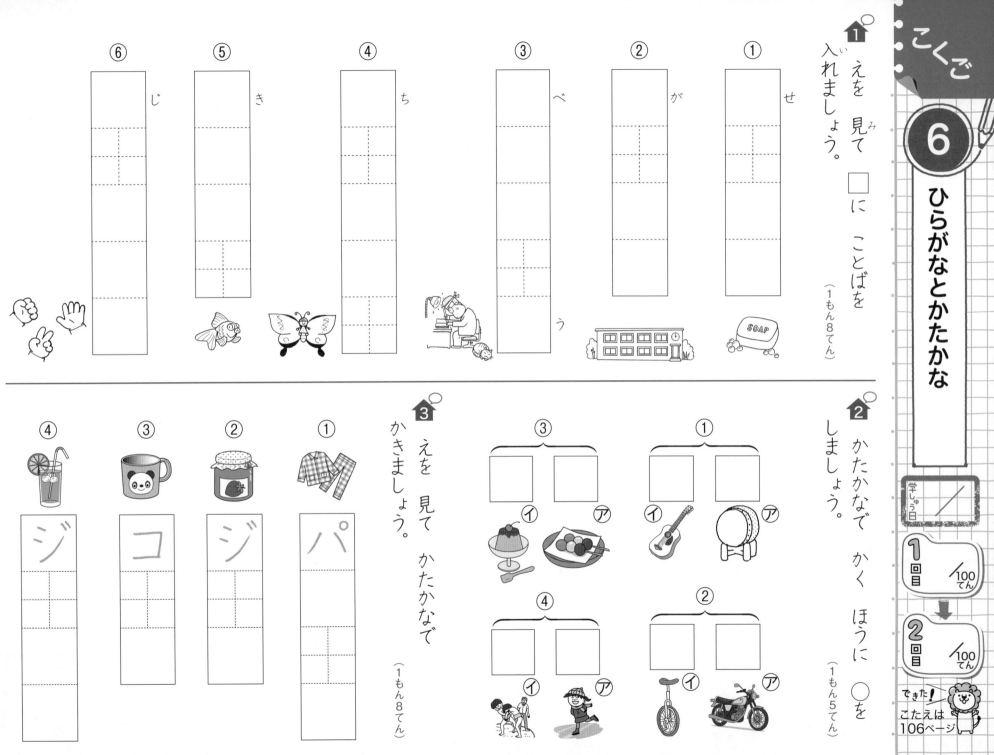

えを　見て　□に　ことばを　入れましょう。（1もん8てん）

① せ□□□□

② が□□□□
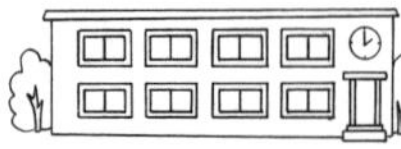

③ べ□□□□う

④ ち□□□□□

⑤ き□□□□

⑥ じ□□□□□

2

かたかなで　かく　ほうに　○を　しましょう。（1もん5てん）

① ア  イ 

② ア  イ 

③ ア  イ 

④ ア  イ 

3

えを　見て　かたかなで　かきましょう。（1もん8てん）

① 
パ

② 
ジ

③ 
コ

④ 
ジ

できた！

こたえは106ページ

7 コアラの赤ちゃん

学しゅう日　／

1回目　／100てん

2回目　／100てん

できた！
こたえは 106ページ

文しょうを よんで、こたえましょう。

生まれて すぐの コアラの 赤ちゃんは、大きさも、おもさも、一円玉ぐらいです。そして、目や 耳は まだ はっきり わかりませんが、口と まえ足だけは、はっきり して います。

まえ足には、とがった ツメが あります。㋐それで、においを たよりに、はい上がって、おかあさんの おなかの ふくろの 中に 入って いきます。

㋑そこで、六か月ぐらいの あいだ、おちちだけを のんで 大きく なります。

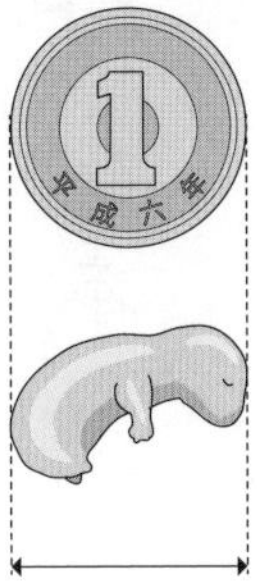

(1) 生まれて すぐの コアラの 赤ちゃんの 大きさや おもさは、なにと おなじくらいですか。（15てん）

［　　　　］

(2) 生まれて すぐでも はっきり して いる ものは、なんですか。（1つ10てん）

［　　　　］と［　　　　］

(3) ㋐は、なんの ことですか。（1つ10てん）

□□□に ある とがった □□

(4) ㋑は、どこですか。（15てん）

おかあさんの おなかの［　　　　］

(5) 赤ちゃんは、なにを たより、㋑に はい上がって いくのですか。（15てん）

［　　　　］

(6) おちちだけで 大きく なるのは、なんか月ぐらいまでですか。（15てん）

［　　　　］

こくご

8 かんじ ③

学しゅう日 ／

1回目 ／100てん

2回目 ／100てん

できた！

こたえは106ページ

1 つぎの ―― の よみを かきましょう。（1もん4てん）

① 白（　　）ゆきひめと 小人（　　）。

② 森（　　）の 大（　　）きな木。

③ 先生（　　）が 立（　　）つ。

④ 早（　　）く ねる。

⑤ 空気（　　）が 入（　　）る。

2 かんじの たしざんを しましょう。（1もん6てん）

① イ＋木→□

② 穴＋工→□

③ 艹＋日＋十→□

④ 木＋亠＋父→□

3 つぎの □に かんじを かきましょう。（1もん8てん）

① □（あお）い □（たけ）をきる。

② □（しろ）い □（いし）をひろう。

③ □（ちい）さい □（いぬ）。

④ かわいい □□（おうじょ）さま。

⑤ □（かい）の □（みみ）かざり。

⑥ □□（いとぐるま）をまわす。

⑦ □（ちから）を □（い）れるよ。

9 はたらきあり

学しゅう日　／

1回目　／100てん
2回目　／100てん

できた！
こたえは106ページ

文しょうを よんで、こたえましょう。

にわで すあなから はたらきありが 五、六ぴきずつ むれに なって 出て いくのを 見ました。

その 中の 一ぴきが よわって いる ばったを 見つけました。すると、その ありは 大いそぎで すあなに もどって いきました。

しばらく すると、ばったの まわりに あつまって きた ありたちは つぎつぎと その ばったに かみついて いきました。

やがて かみつかれて いた ばったは しんで しまいます。

この つかまえた ㋐えものを はこびやすいように バラバラに して、すあなに もちかえります。そして みんなで わけあいます。

(1) すあなから なにが 出て いきますか。（15てん）

（　　　　）

(2) (1)は なにを 見つけましたか。（15てん）

（　　　　）

(3) (2)を 見つけた ありは、どう しましたか。（20てん）

[　　　　]

(4) (2)の まわりに あつまって きた ありたちは どう しましたか。（15てん）

[　　　　]

(5) ㋐とは なにですか。（15てん）

[　　　　]

(6) なぜ バラバラに するのですか。（20てん）

[　　　　]

こくご

10 かんじ ④

学しゅう日 ／

1回目 ／100てん

2回目 ／100てん

できた！

こたえは 107ページ

1 つぎの ―― の よみを かきましょう。

（1もん4てん）

① 正しい 文字を かく。（　）（　）

② 四月に 入学しき。（　）（　）

③ かわいい 王女さま。（　）

④ ろう下で 足音が する。（　）（　）

⑤ でん車が 出ぱつする。（　）（　）

2 □に あう ものを ○から えらんで かんじを つくりましょう。

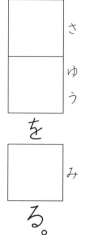

（1もん6てん）

① 目□

② □口

③ 田□

④ 气□

カ　タ　メ　ル

3 つぎの □に かんじを かきましょう。

（1もん8てん）

① なつの □□（はなび）。

② □（くち）の □（なか）に あめ。

③ □□（てほん） どおり。

④ □□（さゆう）を □（み）る。

⑤ □□（せんせい）の □（あし）。

⑥ □□（めだ）つ ぼうし。

⑦ □□（がっこう）へ いく。

11 へんしんかげえ

学しゅう日 ／

1回目 ／100てん
2回目 ／100てん

↑文しょうを よんで、こたえましょう。

あつがみで、くるくる まわすと えが かわる へんしん かげえを つくりましょう。

あつがみ、わりばし、はさみ、いろセロハン、セロテープを よういします。

はじめに ①の ずのように 二つの えを きりぬきます。きりおえたら、②の ずのように 一つの かたちを はんぶんに きります。

つぎに ③の ずのように きらない ほうの かたちを わりばしに はさみます。そのあと ④の ずのように はんぶんに きった かたちを セロテープで はりつけます。

さいごに、⑤の ずのように 目など きりぬいた ところに いろセロハンを はりつけます。

あとは、ひかりを あてて スクリーンに うつすだけです。㋐セロハンを はりつけた ところには いろが つきます。

みなさんも いろつきの へんしん かげえで あそびませんか。

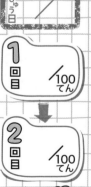

(1) よういする ものを 四つ えらんで （ ）に ○を つけましょう。（1つ10てん）

（ ）わりばし　（ ）わごむ
（ ）のり　（ ）セロテープ
（ ）はさみ　（ ）あつがみ

(2) 上の ①～⑤に あてはまる ずを ㋐～㋔から えらんで （ ）に ばんごうを かきましょう。（1もん10てん）

㋐（ ）

㋑（ ）

㋒（ ）

㋓（ ）

㋔（ ）

(3) ㋐は どんな ところですか。（10てん）

［　　　　　　　　ところ］

できた！ こたえは 107ページ

こくご

12 くっつき・なかまの ことばなど

学しゅう日　／

1回目　／100てん
2回目　／100てん

できた！
こたえは 107ページ

1 □に あう ほうの 文字（もじ）を かきましょう。（ぜんぶあって 1もん10てん）

① □（は・わ）たし □（は・わ）、え本（ほん）□（お・を） よんで います。

② □（お・を）じさん □（お・を） むか□（え・へ）に、えき□（え・へ） いきました。

2 つぎの ことばの 正（ただ）しい ほうに ○を つけましょう。（ぜんぶあって 1もん8てん）

① ｛おねいさん／おねえさん｝

② ｛とうい／とおい｝みち

③ ｛おおきい／おうきい｝｛こうり／こおり｝の 山（やま）

④ 八（やっ）つより ｛とう／とお｝の ほうが かずが ｛おうい／おおい｝よ。

3 〔　〕に あう はんたい（くみに なる） ことばを かきましょう。（1もん8てん）

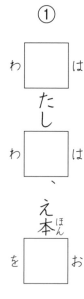

① ながい ↔ 〔　　〕

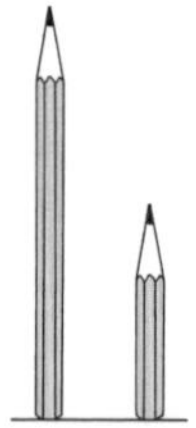

② 小（ち）さい ↔ 〔　　〕

③ うしろ ↔ 〔　　〕

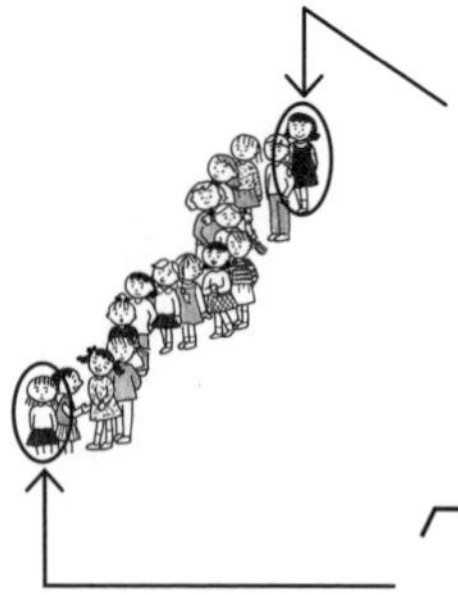

4 つぎの ことばの 中（なか）で、なかまでは ない ことばに ○を つけましょう。（1もん8てん）

① はと　つばめ　かもめ　うし

② たんぽぽ　ばら　しか　ひまわり

③ としょかん　じてん車（しゃ）　しょうぼう車　ヨット

13 いろいろなバス

学しゅう日 ／

1回目 ／100てん

2回目 ／100てん

できた！ こたえは107ページ

文しょうを よんで、こたえましょう。

バスには、いろいろな ものが あります。

ろせんバスは、とおる みちと じかんが きまって います。バスていに とまり、そこで㋐、おきゃくが のったり おりたり します。

かんこうバスは、そとが よく 見えるように 大きな まどが ついて います。かんこうバスは、いろいろな かんこうちを 見てまわります。二かいだての かんこうバスも あります。これは㋑、けしきが とても よく 見えます。

ジャングルバスは サファリパークの 中を はしります。まどに あみが ついて いて はなしがいに なって いる どうぶつを あんぜんに 見る ことが できます。どうぶつの かたちを して いる ことが あります。

(1) つぎの 文は、なにバスですか。（1もん20てん）

① 大きな まどが ついて いる。 ［　　　］バス

② どうぶつの かたちを して いる ことが ある。 ［　　　］バス

③ とおる みちと じかんが きまって いる。 ［　　　］バス

(2) ① ㋐は、どこですか。（1もん10てん） ［　　　］

② ㋑の、いい ところは どこですか。 ［　　　］

(3) ジャングルバスは なぜ まどに あみが ついて いるのですか。（1つ10てん）

［　　　］を ［　　　］に 見られるように する ため。

こくご

14 かんじ ⑤

学しゅう日 ／

1回目 ／100てん

2回目 ／100てん

できた！ こたえは 107ページ

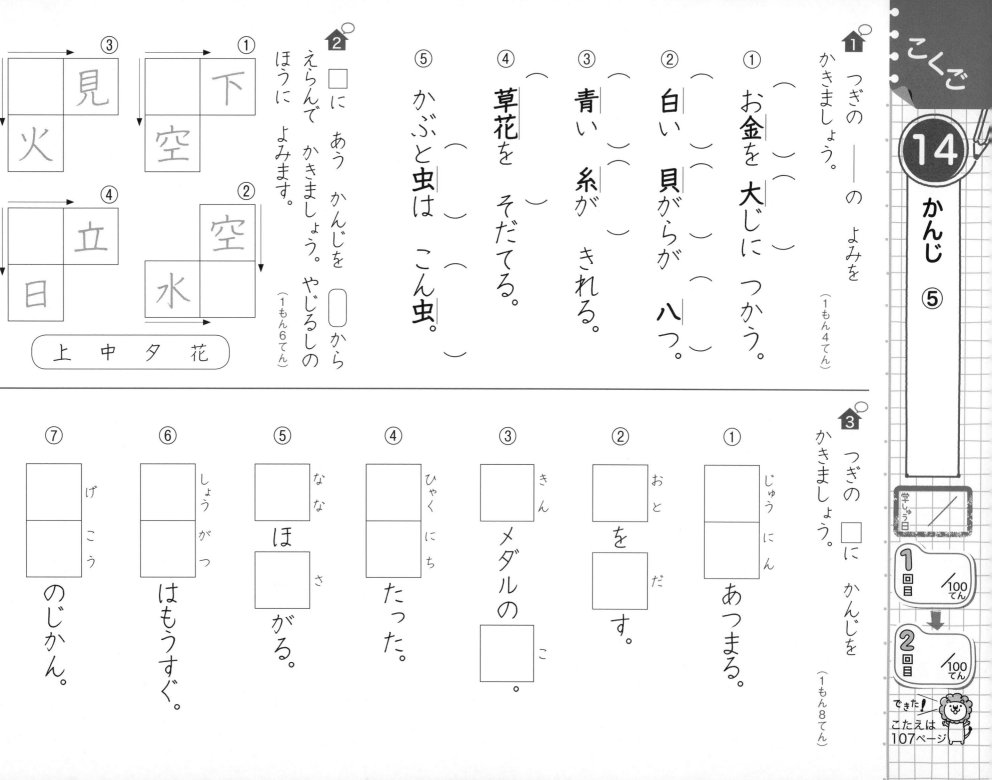

1 つぎの ― の よみを かきましょう。（1もん4てん）

① お**金**（　）を **大**（　）じに つかう。

② **白**（　）い **貝**（　）がらが **八**（　）つ。

③ **青**（　）い **糸**（　）が きれる。

④ **草花**（　）を そだてる。

⑤ かぶと**虫**（　）は こん**虫**（　）。

2 □に あう かんじを ▭から えらんで かきましょう。やじるしの ほうに よみます。（1もん6てん）

① □下／空□（→ 下、↓ 空）

② 空□／水□（↓ 空、→ 水）

③ □見／火□（→ 見、↓ 火）

④ □立／日□（→ 立、↓ 日）

上	中	夕	花

3 つぎの □に かんじを かきましょう。（1もん8てん）

① □□（じゅうにん）あつまる。

② □（おと）を □（だ）す。

③ □（きん）メダルの □（こ）。

④ □□（ひゃくにち）たった。

⑤ □（なな）ほ □（さ）がる。

⑥ □□（しょうがつ）はもうすぐ。

⑦ □□（げこう）のじかん。

15 たべつづけるモグラ

学しゅう日 ／

1回目 ／100てん

2回目 ／100てん

できた！
こたえは 107ページ

文しょうを よんで、こたえましょう。

モグラは まっくらな 土の 中に すんで います。ミミズが、とっても 大すきな たべものです。一日に、二十から 三十ぴきの ミミズを たべないと しんで しまう といわれて います。

そのために モグラは、じめんの すこし 下に ながく つづく トンネルを ほって います。

そして、㋐その 中を うごきまわって、出て きた ミミズを とります。

㋑モグラの まえ足は、トンネルを ほる ときは、シャベルに なり、ミミズを おさえつける ときは、フォークにも なります。

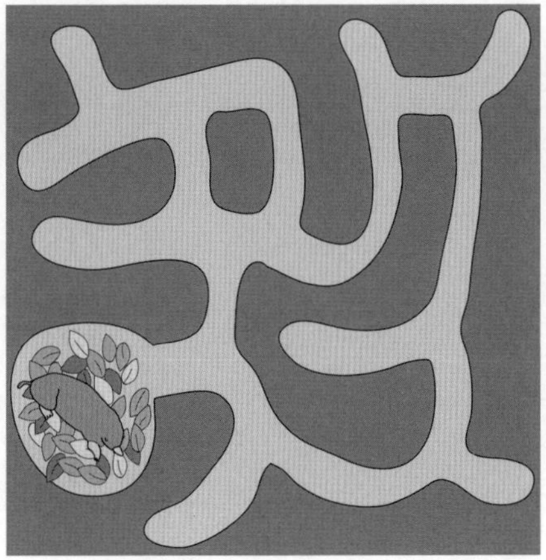
上から 見た モグラの すあなの ようす

(1) モグラは どこに すんで いますか。（20てん）

【　　　　】

(2) モグラの 大すきな たべものは なにですか。（20てん）

【　　　　】

(3) (2)を 一日に どれくらい たべますか。（20てん）

【　　　　】

(4) ㋐は なにの 中ですか。（20てん）

【　　　　】

(5) ㋑は、つぎの ときは どんな どうぐに なりますか。（1つ10てん）

① トンネルを ほる とき

【　　　　】

② ミミズを おさえつける とき

【　　　　】

こくご

16 かんじ ⑥

学しゅう日　／

1回目　／100てん

2回目　／100てん

できた！

こたえは107ページ

1 つぎの ―― の よみを かきましょう。（1もん4てん）

① 本とうの 村ちょう。（　　）（　　）

② 上下 左右。（　　）（　　）

③ 女子が 八十名。（　　）（　　）

④ 女の 先生。（　　）（　　）

⑤ 二、三てきの 目ぐすり。（　　）（　　）

⑥ 町の 天気。（　　）（　　）

2 かんじの できかたを かいて います。□に あう かんじを かきましょう。（1もん5てん）

①
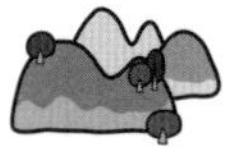
□

②

□

③

□

④

□

3 つぎの □に かんじを かきましょう。（1もん8てん）

① □（はな）を □（い）ける。

② ふじ□（さん）を □（くだ）る。

③ □（なま）たまごが □（とお）。

④ □（じ）を □（まな）ぶ。

⑤ □（ど）ようは □（やす）み。

⑥ □□（としした）の □（ひと）。

⑦ □（かい）がらを □（み）る。

17 どうぶつのはのかたち

学しゅう日　／

1回目　／100てん
2回目　／100てん

できた！
こたえは107ページ

文しょうを　よんで、こたえましょう。

なぜ、どうぶつには　いろいろな　はのかたちが　あるのでしょうか。

ライオンの　口には、ながい　キバと、するどい　おくばが　あります。ながい　キバを　えものに　くいこませて、するどい　おくばで　かみきります。

キリンは、ひらたい　おくばで、口を　左右に　うごかして、草などを　すりつぶして　たべます。

パンダは、クマの　なかまで、むかしは　にくを　たべて　いました。だから、パンダの　まえばは　するどく　なって　います。いまは、竹が　大すきです。竹は　かたいので、たべる　ときには、おくばで　すりつぶします。だから、おくばは、ひらたくて　たくさんの　こぶのような　ものが　出て　います。

このように、どうぶつの　はは、たべものによって　ちがうのです。

(1) たずねて　いる　文に　せんを　ひきましょう。（10てん）

(2) ①〜③の　はの　どうぶつを　かきましょう。（1もん15てん）

① ひらたい　おくば　「　　」

② ひらたい　おくばと　するどい　まえば　「　　」

③ ながい　キバと　するどい　おくば　「　　」

(3) パンダは　なにの　なかまですか。（15てん）

「　　」

(4) パンダの　むかしと　いまの　たべものを　かきましょう。（1もん10てん）

① むかし　「　　」

② いま　「　　」

(5) (1)の　こたえを　かきましょう。（10てん）

□□□□によって　ちがうから。

こくご

18

ことばと文 ①

学しゅう日　／

1回目　／100てん

2回目　／100てん

できた！

こたえは 107ページ

1 (1) 文を よんで、もんだいに こたえましょう。

① りすの しっぽは りっぱです。

・りすの しっぽは どんなですか。（15てん）

□□□ です。

② えだの 上を はしる とき、りすは、しっぽで うまく バランスを とります。

・えだの 上を はしる とき、しっぽで どう しますか。（20てん）

「　　　」

③ しっぽは パラシュートの かわりに なります。

・しっぽは、なにの かわりに なりますか。（15てん）

□□□□□□

(2) よう子さんが、本を さがして います。あきらさんは、え本を よんで います。え本は、おもしろいです。

① 本を さがして いるのは だれですか。（15てん）

「　　　」

② あきらさんは なにを して いますか。（1つ10てん）

「　　　」を「　　　」います。

③ え本は どんなですか。（15てん）

「　　　」です。

19 あし

学しゅう日 ／

1回目 ／100てん
2回目 ／100てん

できた！ こたえは 107ページ

文しょうを よんで、こたえましょう。

　二ひきの うまが、まどの ところで ぐうるぐうると ひるねを して いました。
　すると、すずしい かぜが 出て きたので、一ぴきが くしゃみを して 目を さましました。
　ところが、あとあしが 一本 しびれて いたので、よろよろと よろけて しまいました。
「おやおや。」
　そのあしに ㋐力を 入れようと しても さっぱり 入りません。
　そこで、ともだちの うまを ゆりおこしました。
「たいへんだ、あとあしを 一本、だれかに ぬすまれて しまった。」

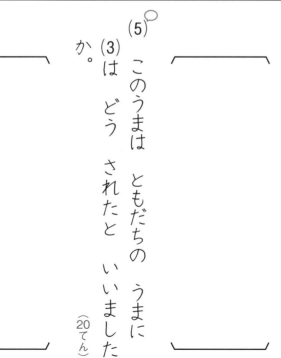

新美南吉（青空文庫）

(1) 二ひきの うまは どこで なにを して いましたか。（1もん10てん）

① どこ ［　　　］

② なに ［　　　］

(2) 一ぴきの うまは なにを して 目を さましたのですか。（20てん）

［　　　］

(3) ㋐は どの あしですか。（20てん）

［　　　　］の 一本

(4) どうして ㋐に なるのですか。（20てん）

［　　　］

(5) このうまは ともだちの うまに (3)は どう されたと いいましたか。（20てん）

［　　　］

こくご

20 かんじ ⑦

学しゅう日　／

1回目　／100てん

2回目　／100てん

できた！ こたえは108ページ

1 つぎの ―― の よみを かきましょう。（1もん4てん）

① 小さな（　）石を（　）一つ（　）。

② 大雨（　）が 二日（　）つづく。

③ 学校（　）が 休（　）み。

④ お正月（　）には お年玉（　）。

⑤ 千円（　）さつを 出（　）す。

⑥ 十月（　）十日（　）。

2 人の からだの かたちから できた かんじです。□に かんじを かきましょう。（1もん5てん）

①  → □

②  → □

③  → □

④  → □

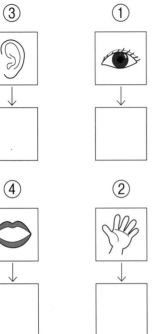

3 つぎの □に かんじを かきましょう。（1もん8てん）

① □（かわ）で □（みず）あそび。

② ぼくの □□（せんせい）。

③ □□（はやあし）で あるく。

④ よい □□（てんき）です。

⑤ □□□（しちごさん）の あめ。

⑥ □（まち）や □（むら）の まつり。

⑦ □□（じょし）に □□（にんき）。

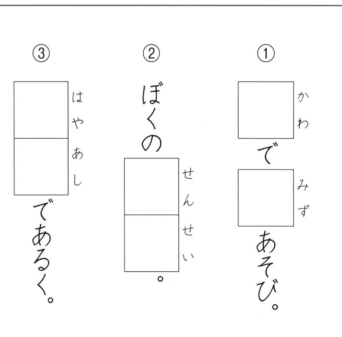

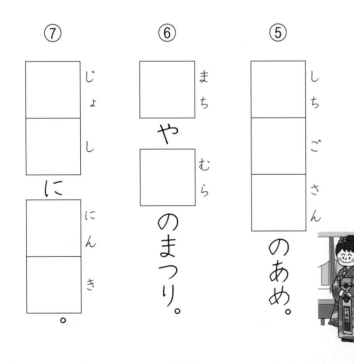

21 一年生たちとひよめ ①

学しゅう日 ／

1回目 ／100てん
2回目 ／100てん

できた！
こたえは108ページ

文(ぶん)しょうを よんで、こたえましょう。

学校(がっこう)へ いく とちゅうに、大(おお)きな
いけが ありました。一年生(いちねんせい)たちが、
あさ ㋐そこを とおりかかりました。
いけの 中(なか)には ひよめが 五(ご)、六(ろ)っ
ぱ、くろく うかんで おりました。
㋑それを 見(み)ると 一年生たちは、いつ
ものように こえを そろえて、
ひーよめ、ひよめ、
だんご やーるに くーぐーれっ
と、うたいました。
すると ひよめは あたまから ぷ
くりと 水(みず)の 中に もぐりました。
だんごが もらえるのを よろこんで
いるように 見えました。
けれど 一年生たちは、ひよめに
だんごを やりませんでした。
学校へ いくのに だんごなど
もって いる 子(こ)は ありません。

（新美 南吉）

＊ひよめ…カイツブリ（水どり）

(1) 一年生たちは どこへ いく とちゅうですか。（15てん）

(2) ㋐は、どこですか。（15てん）

(3) ㋑は なにですか。（15てん）

(4) 一年生たちは ㋑に なにを あげると うたいましたか。（15てん）

(5) 一年生たちが うたうと ㋑は、どう しましたか。（20てん）

(6) なぜ、一年生たちは、ひよめに だんごを やらなかったのですか。（20てん）

こくご

22 かんじ ⑧

学しゅう日　／

1回目　／100てん

2回目　／100てん

できた！
こたえは108ページ

1 つぎの ── の よみを かきましょう。（1もん4てん）

① 町（　　）で 一（いち）ばんの 力（　　）もち。

② 土（　　）の 中（なか）の 石（　　）。

③ 村（　　）に たんぼが 九（　　）つ。

④ 青空（　　）を 見上（　　）げる。

⑤ 糸車（　　）を まわす。

2 つぎの 文（ぶん）の □に よう日（び）の かんじを かきましょう。（1もん6てん）

① たき 火（び）だ あたたか □（か）よう日

② 水（みず） あそび たのしい □（すい）よう日

③ 木（き）の 下（した） すずしい □（もく）よう日

④ お 金（かね）が ざくざく □（きん）よう日

3 つぎの □に かんじを かきましょう。（1もん8てん）

① □□□（にねんせい）に なる。

② □□（がっこう）を □（やす）んだ。

③ □（ただ）しい □（ぶん）を かく。

④ □（みみ）に □（かい）がらを あてる。

⑤ □□（だんし）が はしる。

⑥ □□□□（じゅうがつとおか）。

⑦ □（だい）すきな □□（おうじ）さま。

23 一年生たちとひよめ ②

学しゅう日　／

1回目　／100てん

2回目　／100てん

できた！ こたえは108ページ

文しょうを よんで、こたえましょう。

ひーよめ、ひーよめ

と 一年生たちは いつもの くせで うたいはじめました。しかし、その あとを つづけて うたうものは ありませんでした。

「だんごやるに、くぐれ」

と うたったら、それは ㋐うそを いった ことに なります。

このまま いって しまうのも ざんねんです。そしたら ひよめの ほうでも、さみしいと おもうに ちがいありません。そこで みんなは、こう うたいました。

ひーよめ、ひよめ、だんご、（㋑）
けれど、くーぐーれっ

すると ひよめは、やはり いせいよく くるりと 水を くぐったのであります。

ひよめは、一年生たちに よびかけられるのが うれしいから くぐったのであります。

新美南吉（青空文庫）

(1) 一年生たちは ひよめを 見ると どう しましたか。（15てん）

(2) ㋐は、どのように うたったら うそに なるのですか。（20てん）

(3) ㋑に 入る ことばを かきましょう。（20てん）

(4) 一年生たちが うたった あと ひよめは どう しましたか。（20てん）

(5) どうして ひよめは (4)を したのですか。（25てん）

こくご

24 ことばと文 ②

学しゅう日 ／

1回目 ／100てん

2回目 ／100てん

できた！ こたえは108ページ

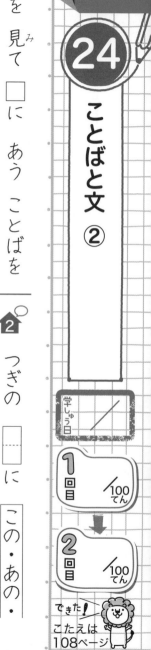

1 えを 見て □に あう ことばを かきましょう。（□…1つ10てん）

① おじさんが えを □。

② おとうとは □ だ。

③ ソフトクリームは □。

④ 
□ が ソフトクリームを □。

2 つぎの □に この・あの・どの から えらんで かきましょう。（1もん10てん）

① □ だんごは おいしい。

② □ ケーキが おいしいかなあ。

③ □ 山の 上に あるのは しろです。

3 （。）と（、）の つけかたが 正しい ほうに ○を しましょう。（1もん10てん）

①
（　）㋐ ぼくは。おふろに 入った。
（　）㋑ ぼくは、おふろに 入った。

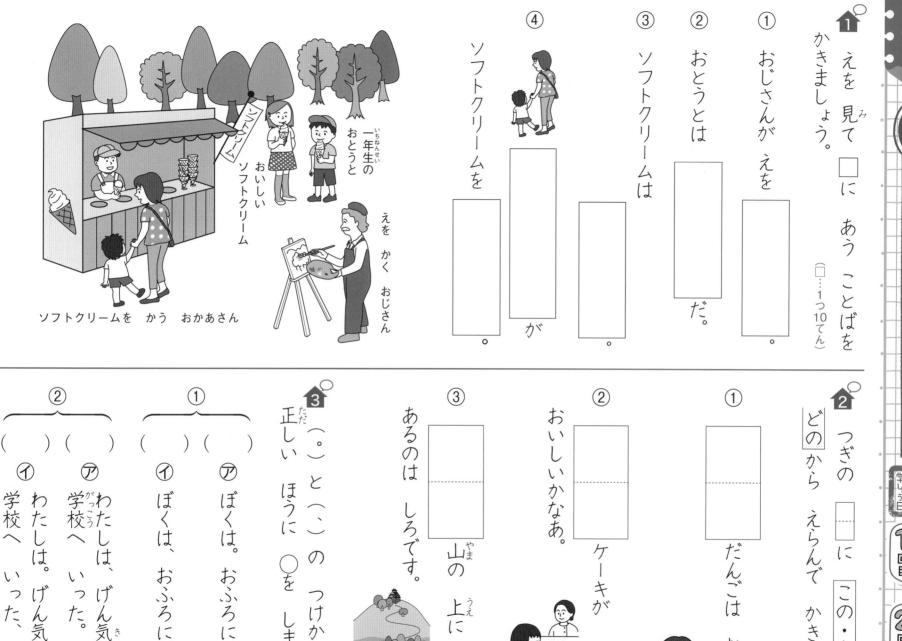

②
（　）㋐ わたしは、げん気に 学校へ いった。
（　）㋑ わたしは。げん気に 学校へ いった、

25 まとめ コアラの足

学しゅう日 ／

1回目 ／100てん

2回目 ／100てん

こたえは108ページ

1 文しょうを よんで、こたえましょう。（1もん15てん）

コアラの 足は、木の 上で くらしやすいように できて います。うしろ足には、五本の ゆびが あります。えだを つかみやすいように、おやゆびは、ほかの 四本の ゆびとは はなれて むきあって います。にんげんの 手と おなじです。

まえ足も、ゆびは 五本ですが、おやゆびと ひとさしゆびが、ほかの 三本の ゆびと はなれて むきあって います。

また、足には、スパイクのような ツメが ついて います。

(1) コアラの 足は どこで くらしやすいように なって いますか。

［　　　　］

(2) にんげんの 手と おなじように むきあって いるのは どの 足ですか。

（　　　　）

(3) (2)の 足は、どんな ところが いいですか。

［　　　　］

(4) 足には、どんな ツメが ついて いますか。

□□□□ のような ツメ

2 ものを かぞえる ときの ことばに 気を つけて かきましょう。（2つあって 1もん10てん）

①  二 ［まい］

②  □ ［　］

③  □ ［　］

④  □ ［　］

⑤  □ ［　］

こくご

26

まとめ

ヤモリの足

学しゅう日　／

1回目　／100てん

2回目　／100てん

できた！
こたえは108ページ

1 文しょうを よんで、こたえましょう。

ヤモリは、見た目は、ちょっと 気もちの わるい 生きものです。

しかし、「いえを まもる」生きものと いわれて います。いえの かべや 天じょうなど、どこにでも ピタッと はりついて いるからです。

なぜ どこにでも はりつく ことが できるのでしょうか。

㋐その ひみつは、足の ゆびの うらに ある ぎざぎざした うろこに あります。㋑そこには、ものに すいつく 目に 見えないほどの こまかい けが 生えて いるのです。

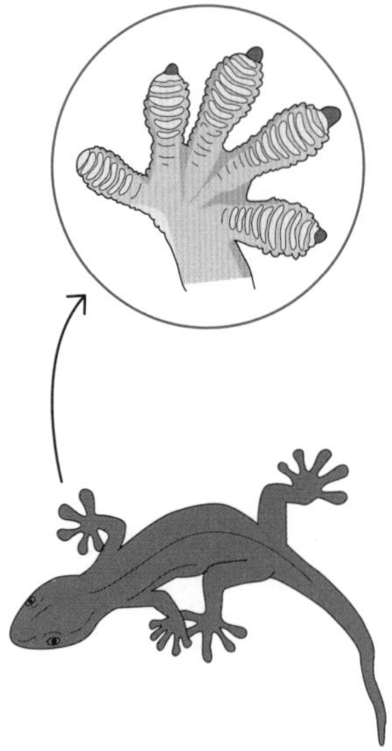

(1) ヤモリは なんと いわれて いますか。（20てん）

【　　　　】生きもの

(2) ㋐は どんな ひみつですか。（ぜんぶあって 20てん）

いえの【　　】や【　　】など どこにでも ピタッと【　　　　】ひみつ

(3) ㋑には なにが 生えて いますか。（20てん）

【　　　　】

2 からだの 名まえを □から えらんで □に かきましょう。（1もん5てん）

むね　かお　あたま　うで　あし　くび

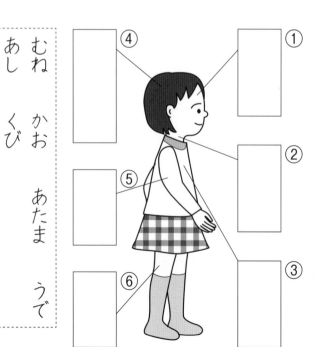

3 かん字を かきましょう。（1もん5てん）

① あし　おと

② くち　だし

27 まとめ どうぶつの み・の まもりかた

学しゅう日 ／

1回目 ／100てん

2回目 ／100てん

できた! こたえは108ページ

1 文しょうを よんで、こたえましょう。

どうぶつには いろいろな み・の まもりかたが あります。

アルマジロは、かたい こうらを もって いて、てきが きたら、だんご虫のように こうらを まるめます。

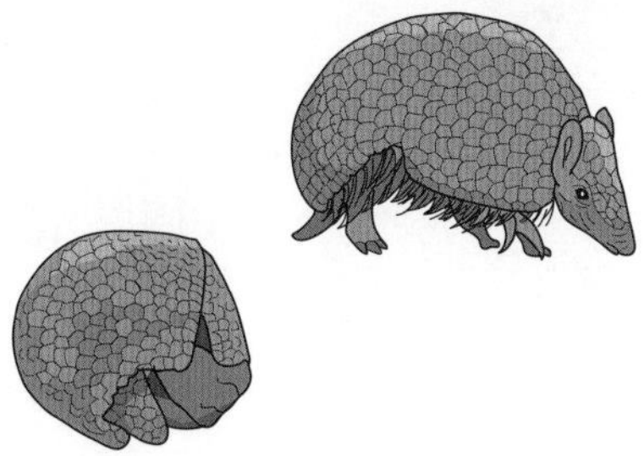

スカンクは、おならのように くさい しるを 出します。その においは とても つよくて、てきは たまらず、にげ出します。

ヤマネは、てきから にげる とき、トカゲのように しっぽを きります。でも、一ど きったら、二どと 生えて きません。

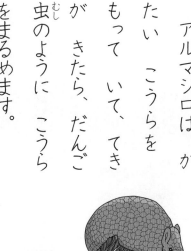

(1) ①〜③に あてはまる どうぶつを かきましょう。（1もん15てん）

① くさい しるを 出す。［　　　］

② しっぽを きる。［　　　］

③ こうらを まるめる。［　　　］

(2) (1)の ②・③の まもりかたは どの 生きものと にて いますか。（1もん15てん）

② ［　　　］

③ ［　　　］

2 文を よんで こたえましょう。

①

りすは はしる とき しっぽを のばします。

・りすは、はしる とき しっぽを どうしますか。（10てん）

［　　　］

②

ペンギンの しっぽは みじかいです。

・ペンギンの しっぽは、どんなですか。（15てん）

［　　　］

こくご

28 まとめ

かぞくを だいじに する アイアイ

学しゅう日　／

1回目　／100てん

2回目　／100てん

できた！ こたえは108ページ

1 文(ぶん)しょうを よんで、こたえましょう。

子(こ)どもの うたで おなじみの アイアイは、どんな 生(せい)かつを して いるのでしょう。

たべものは ヤシのみなどで、からが かたいです。そこで、するどい はで かじり、あいた あなに ほそながい 中(なか)ゆびを 入(い)れて、みを とって たべます。

あなを あけられない 子どもには、おかあさんが あなを あけて やります。このような ことは、サルの なかまでは、アイアイだけです。

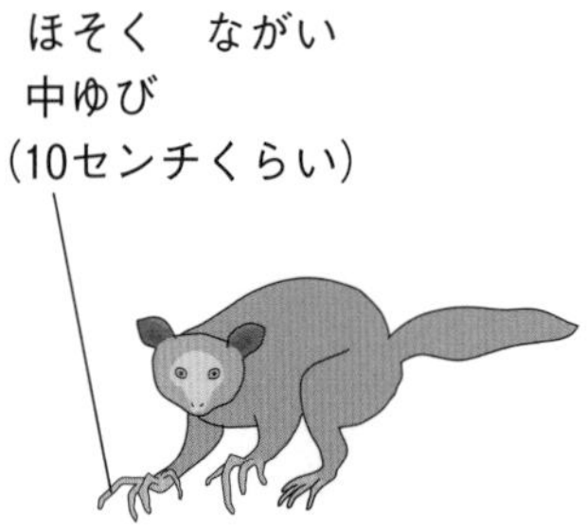

(1) アイアイの たべものは なにですか。

「　　　　」など　(15てん)

(2) アイアイは (1)を どのように して たべますか。(1もん10てん)

① するどい はで 「　　　　」。

② あなに ほそながい 「　　　　」を 入れる。

(3) あなを あけられない 子どもには、だれが あけて やりますか。(15てん)

「　　　　」

(4) (3)の ことは、なんと いう サルの なかまが しますか。(15てん)

「　　　　」

2 □に あう はんたい ことばを かきましょう。(1もん7てん)

① かたい ↔ □

② あつい ↔ □

③ かるい ↔ □

つめたい　おもい　やわらかい

3 かん字(じ)を かきましょう。(1もん7てん)

① いっしょう □□

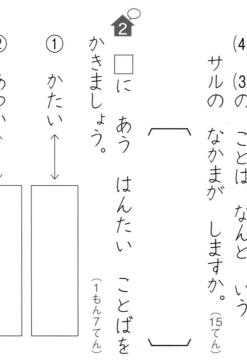

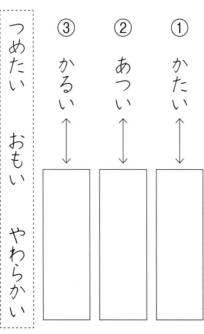

② だんし □□

29 まとめ

どうぐを つかう とり

学しゅう日　／

1回目　／100てん
2回目　／100てん

できた!
こたえは 109ページ

1 文しょうを よんで、こたえましょう。

㋐キツツキフィンチという とりは、どうぐを つかいます。

まず、木の みきに 耳を あてて、虫の うごく 音を ききます。

木の みきに 耳を あてて いる ところ

そして、木の みきに あけられた あなに 小えだを 入れて、キツツキのように あたまを まえ うしろに うごかします。そうして、中に いる 虫を ひきよせて たべます。

さらに、この 小えだを ちょうどいい ながさに けずる ことも あるそうです。

木の あなに 小えだを さしこんで いる ところ

(1) ㋐は、なにを どうぐに しますか。（10てん）

□□□

(2) ㋐は 木の みきに 耳を あてて なにを ききますか。（15てん）

［　　　　］

(3) ㋐は どのように して 虫を たべますか。（1つ10てん）

① あなに 小えだを［　　　　］。

② あたまを［　　　　］の ように うごかす。

③ 中に いる 虫を 小えだで［　　　　］たべる。

(4) ㋐の とりが して いる、さらに すごい ことは、なんですか。（15てん）

［小えだを　　　　こと。］

2 □に あう ほうの 文字を かきましょう。（□…1つ5てん）

犬□（わ／は）、ももたろ□（お／う）の おとも□（を／お）して、しま□（へ／え）出かけました。

3 かん字を かきましょう。（1もん5てん）

① □□（がくせい）

② □□（ほんき）

30 まとめ

たねは どこに いくの

学しゅう日 ／

1回目 ／100てん

2回目 ／100てん

できた！ こたえは 109ページ

1 文しょうを よんで、こたえましょう。

タンポポの わたげを とばした ことは ありませんか。あの 下には ㋐たねが ついて いて かぜに のって とんで いきます。

草むらを あるいた ときに、なにかが くっついた ことは ありませんか。ひっつきむしと いう 名まえですが あれも ㋑たねです。とげなどで、どうぶつに くっつく ことで、あちこちに はこんで もらって います。

このように して、たねは、とおい ところで、めを 出します。

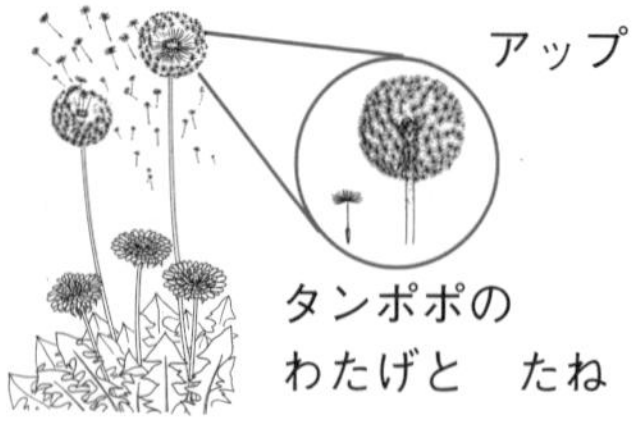

タンポポの わたげと たね

(1) タンポポの たねは どこに ついて いますか。（10てん）

［　　　］の下

(2) 草むらを あるいた ときに なにが くっつきますか。（15てん）

［　　　］

(3) ㋐・㋑の たねは、どのように して はこんで もらいますか。（1つ15てん）

㋐［　　　］に のる

㋑［　　　］に くっつく

(4) たねは どこで めを 出しますか。（15てん）

［　　　］

2 つぎの ――は、なにを さして いますか。（1つ7てん）

① とおくに、木が 立って います。あれは、さくら です。

［　　　］

② ボールが、かごに 入って います。それは、ともだちからの プレゼントです。

［　　　］

3 かん字を かきましょう。（1もん8てん）

① ざっ□(そう)の □(はな)も きれい。

② □(はや)□(くち) ことば。

31 まとめ

フンころがしの名人

学しゅう日　／

1回目　／100てん
2回目　／100てん

できた！
こたえは 109ページ

1 文しょうを よんで、こたえましょう。

> まきばには、ウシや ヒツジの フンが どこにでも ある。
> スカラベは、㋐それらの フンを まるめて、ころがす。そして、ある ところまで いくと、あなを ほる。その 中に フンを はこびこんで、たべる。
> たまごも、この フンの 中に うむ。そして、出て きた よう虫も この フンを たべて 大きく なる。
> このように して、あなの 中で のこった フンは、草の えいように も なって いく。
>
> 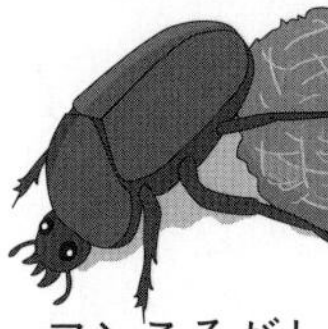
> フンころがしの名人

(1) ㋐は なんの フンですか。（1つ10てん）

［　　　］や［　　　］

(2) ㋐は どこに ありますか。（10てん）

［　　　］

(3) スカラベは フンを どう しますか。（1つ10てん）

① まるめて、［　　　］。

② あなの 中に はこびこんで、［　　　］。

③ この 中に たまごを［　　　］。

(4) のこった フンは どう なりますか。（10てん）

［　　　］

2 かたかなで かく ことばに せんを ひき、かたかなに しましょう。（1もん6てん）

じゅうすを のみながら、てれびで さっかあの しあいを みた。

3 かん字を かきましょう。（1もん6てん）

① ［ひゃく・えん・だま］をひろう。

② ［じょう・げ］にゆれる。

こくご

32

まとめ

シマリスの ふゆじゅんび

学しゅう日 ／

1回目 ／100てん

2回目 ／100てん

できた！ こたえは 109ページ

1 文しょうを よんで、こたえましょう。

あきに なると、シマリスは、ふゆの じゅんびで いそがしく なります。ドングリを ほお いっぱいに つめこみ、じめんに ほった すあなに はこびます。㋐そこに 百こも ためる ことも あるそうです。つぎに おちばを くるくると たたんで、ほおに 入れて、すあなに はこびます。これは、ふゆごもりの ベッドに します。ふゆの あいだ、一しゅうかんに 一ど、目を さまして、二、三この ドングリを たべて、また ねむりに 入ります。そして、はるを むかえます。

(1) シマリスは、ふゆの じゅんびの ために、すあなに なにを はこびますか。（1もん10てん）

① □□□

② □□□

(2) (1)の ①と ②を どのように して はこびますか。（1つ10てん）

① ほおに［　　　］。

② ［　　　］で ほおに 入れます。

(3) ㋐とは どこですか。（15てん）

□□□

(4) シマリスは どれくらいで 目を さましますか。（15てん）

［　　　］

2 つぎの □に なかまの ことばを かきましょう。（1つ6てん）

① うえ　した　みぎ　□

② ひがし　にし　みなみ　□

③ おととい　□　きょう

3 かん字を かきましょう。（1もん6てん）

① □□（さゆう）を □（み）る。

② □（もく）ひょうを □（た）てる。

全科ノート　小学1年生　こたえ

さんすう

1 なかまづくり（5までのかず）……………〈P. 3〉

1 ① 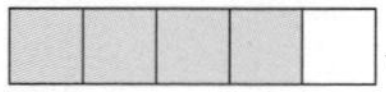、4

② 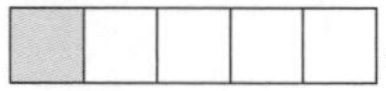、1

③ 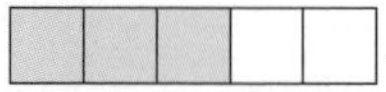、3

④ 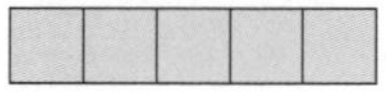、5

⑤ 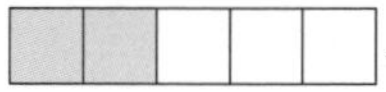、2

2 ①　②　③　④

㋐　㋑　㋒　㋓

3 ①　3　　②　2

2 なかまづくり（10までのかず）……………〈P. 4〉

1 ①　②　③

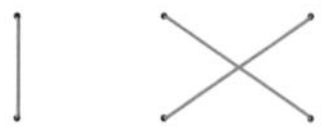

㋐　㋑　㋒

2 ①　6　　②　9　　③　7　　④　8

⑤　10

3 ①　5 ← 6　　6 → 7

②　0 ← 1　　1 → 2

③　4 ← 5　　5 → 6

④　7 ← 8　　8 → 9

⑤　2 ← 3　　3 → 4

3 なかまづくり ①……………………〈P. 5〉

1 ①　チューリップ　●●●●●　○○○○○

②　みつばち　●●●○○　○○○○○

③　てんとうむし　●●●●●　●●○○○

2 ①　メダカ　　②　たぬき

4 なかまづくり ②……………………〈P. 6〉

1 ①

（ ○ ）

（　）

②

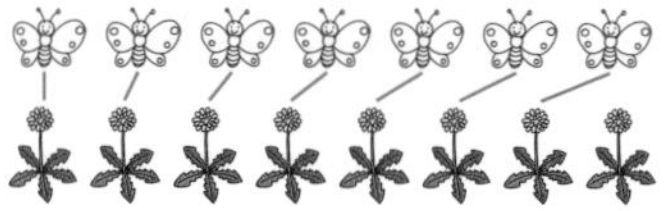

（　）

（ ○ ）

③

（ ○ ）

（　）

④

（ ○ ）

（　）

2 ①　8　　②　10　　③　6

3 ①　4　　②　7

③　6、9　　④　9、8、6

4 　3、7

5 なんばんめ ①……………………〈P. 7〉

1 ①　まえから　3にん

②　まえから　3にんめ

③　うしろから　4だい

④　みぎから　5ほんめ

⑤　ひだりから　2ほんめ

2 ①　ひだりから（4）ばんめ、みぎから（5）ばんめ

②　ひだりから（6）ばんめ、みぎから（3）ばんめ

3 　6

6 なんばんめ ②……………………〈P. 8〉

1 ①　ぼうし　　②　1　　③　3

2 ①　ぶどう　　②　バナナ

3 ①

②　5にん　　③　3ばんめ

4 ①　3にん　　②　5ばんめ

7 いくつといくつ ① ……………………〈P. 9〉

1

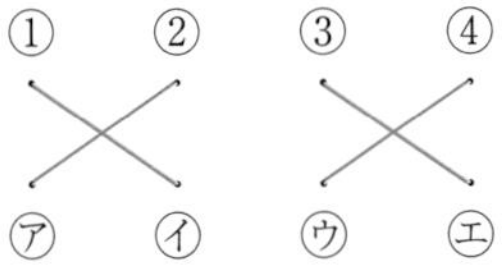

2

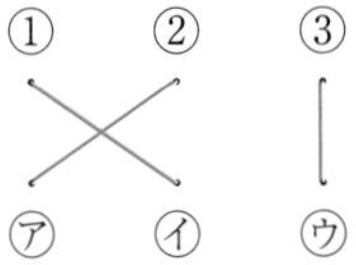

3 ① 4　② 0　③ 3

4 ① 2　② 4
③ 2　④ 0
⑤ 0　⑥ 4
⑦ 3　⑧ 4
⑨ 3　⑩ 5

8 いくつといくつ ② ……………………〈P. 10〉

1

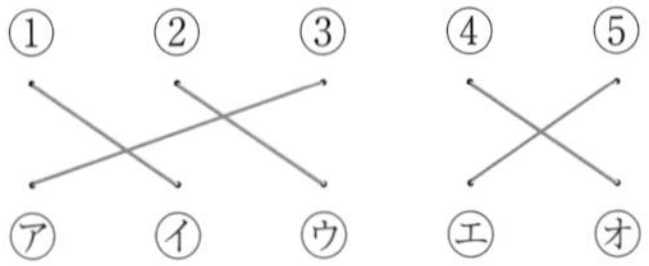

2 ① 7　② 9
③ 4　④ 0

3 ① 4　② 8
③ 3　④ 5
⑤ 1

4 ① 10　② 7
③ 9　④ 5
⑤ 6　⑥ 2

9 たしざん（10まで） ……………………〈P. 11〉

1 ① 7　② 5　③ 4　④ 7

2

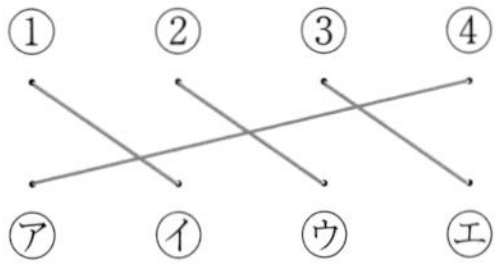

3 ① 3　② 10
③ 7　④ 7
⑤ 10　⑥ 8
⑦ 9　⑧ 5
⑨ 7　⑩ 7
⑪ 10　⑫ 6
⑬ 8　⑭ 7
⑮ 6　⑯ 4

10 あわせていくつ（10まで） ……………〈P. 12〉

1 （しき） 2＋2＝4　こたえ　4ほん

2 （しき） 2＋4＝6　こたえ　6こ

3 （しき） 5＋4＝9　こたえ　9まい

4 （しき） 2＋6＝8　こたえ　8ぽん

11 ふえるといくつ（10まで） ……………〈P. 13〉

1 （しき） 2＋1＝3　こたえ　3だい

2 （しき） 3＋2＝5　こたえ　5ほん

3 （しき） 4＋3＝7　こたえ　7ひき

4 （しき） 7＋3＝10　こたえ　10ぴき

12 たしざん（10まで） ……………………〈P. 14〉

1 ① 6　② 10
③ 8　④ 4
⑤ 3　⑥ 7
⑦ 10　⑧ 5
⑨ 10　⑩ 9
⑪ 8　⑫ 10
⑬ 8　⑭ 9
⑮ 4　⑯ 6

2 （しき） 3＋4＝7　こたえ　7ひき

3 （しき） 6＋3＝9　こたえ　9わ

13 ひきざん（10まで） ……………………〈P. 15〉

1 (1) ③、⑤　(2) ②、⑤

2

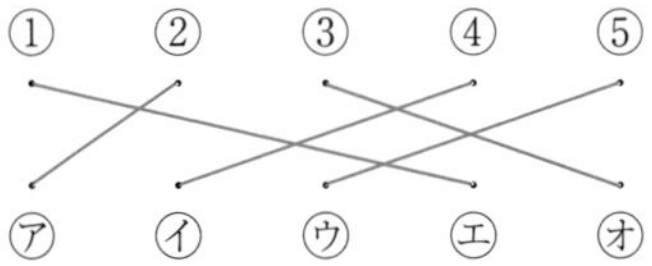

3 ① 2　② 4
③ 3　④ 6
⑤ 3　⑥ 0
⑦ 2　⑧ 4
⑨ 2　⑩ 6
⑪ 3　⑫ 6
⑬ 5　⑭ 3
⑮ 4　⑯ 4

14 のこりはいくつ（10まで）……………〈P. 16〉

1 （しき）5 − 2 = 3　　こたえ　3こ

2 （しき）6 − 2 = 4　　こたえ　4こ

3 （しき）7 − 5 = 2　　こたえ　2こ

4 （しき）6 − 2 = 4　　こたえ　4こ

15 ちがいはいくつ（10まで）……………〈P. 17〉

1 （しき）7 − 5 = 2　　こたえ　2ひき

2 （しき）9 − 7 = 2　　こたえ　2こ

3 （しき）8 − 5 = 3　　こたえ　3こ

4 （しき）9 − 6 = 3

こたえ　だいこんが　3ぼん　おおい

16 ひきざん（10まで）……………………〈P. 18〉

1 ① 2　② 4

③ 7　④ 5

⑤ 6　⑥ 4

⑦ 2　⑧ 7

⑨ 1　⑩ 3

⑪ 6　⑫ 3

⑬ 1　⑭ 4

⑮ 2　⑯ 0

2 （しき）10 − 5 = 5　　こたえ　5さつ

3 （しき）10 − 7 = 3

こたえ　おんなのこが　3にん　おおい

17 10よりおおきいかず ①……………〈P. 19〉

1 ① 15　② 8　③ 13

④ 17　⑤ 1、9

2 ① 13こ　② 15ほん

3 ① 14、17　② 16、19　③ 12、10

④ 17、15　⑤ 2、8、12

4 ① 16、13、10

② 18、15、11

③ 20、18、8

18 10よりおおきいかず ②……………〈P. 20〉

1 ㋐ 10　ⓘ 6　　ぜんぶで　16ぽん

2 ① 12

② 5

③ 11

④ 6

3 ① 15　② 19

③ 18　④ 10

⑤ 13　⑥ 17

4 （しき）13 + 3 = 16　　こたえ　16こ

5 （しき）16 − 5 = 11　　こたえ　11こ

19 とけい（なんじ、なんじはん）①…………〈P. 21〉

1 ① 8じ　② ㋑　③ ㋖　④ ㋒

2 ① 1じ　② 1じ30ぷん　③ 2じ

④ 4じ　⑤ 6じ　⑥ 7じ

20 とけい（なんじ、なんじはん）②…………〈P. 22〉

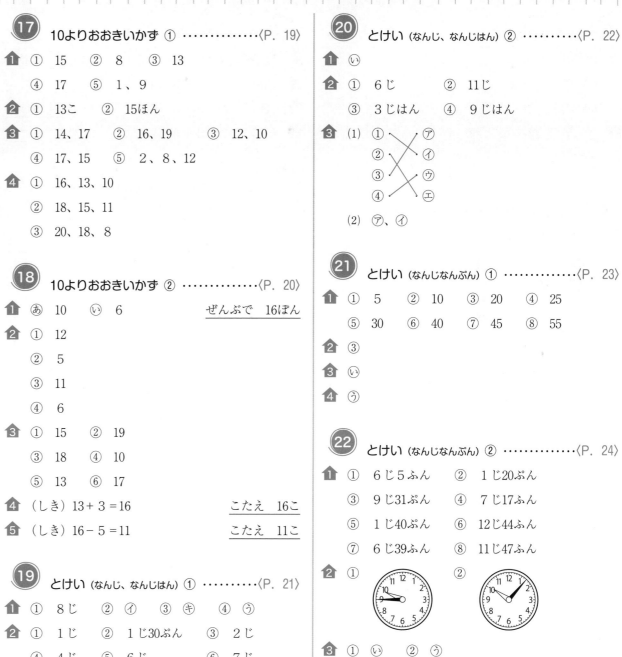

1 ⓘ

2 ① 6じ　② 11じ

③ 3じはん　④ 9じはん

3 (1)

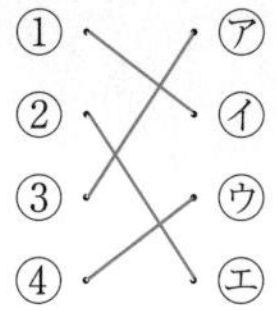

(2) ㋐、㋑

21 とけい（なんじなんぷん）①……………〈P. 23〉

1 ① 5　② 10　③ 20　④ 25

⑤ 30　⑥ 40　⑦ 45　⑧ 55

2 ③

3 ⓘ

4 ⓤ

22 とけい（なんじなんぷん）②……………〈P. 24〉

1 ① 6じ5ふん　② 1じ20ぷん

③ 9じ31ぷん　④ 7じ17ふん

⑤ 1じ40ぷん　⑥ 12じ44ふん

⑦ 6じ39ぷん　⑧ 11じ47ふん

2 ①

②

3 ① ⓘ　② ⓤ

23 どちらがながい ① ……〈P. 25〉

1 (1) ⓘ
(2) ⓤ
(3) ⓐ

2 ① ⓘ　② ⓐ　③ ⓘ

3 たて

24 どちらがながい ② ……〈P. 26〉

1 (2) (4) (3) (1)

2 ① 3　② 9
③ 8　④ 4

3 ① 4　② 6
③ (しき) 6 − 4 = 2
こたえ　たてが　2ますぶん　ながい

25 3つのかずのけいさん ① ……〈P. 27〉

1 ① 8　② 9　③ 10　④ 17
⑤ 15　⑥ 4　⑦ 0　⑧ 5
⑨ 5　⑩ 1

2 ① 6　② 5　③ 6　④ 1
⑤ 7　⑥ 5　⑦ 5　⑧ 6
⑨ 3　⑩ 6

26 3つのかずのけいさん ② ……〈P. 28〉

1 (しき) 3 + 2 + 4 = 9　こたえ　9わ

2 (しき) 9 − 2 − 3 = 4　こたえ　4こ

3 (しき) 10 − 5 + 3 = 8　こたえ　8ぼん

4 (しき) 7 − 3 + 5 = 9　こたえ　9にん

27 どちらがおおい (かさくらべ) ① ……〈P. 29〉

1 ① ⓤ　② ⓘ

2 ① ⓔ　② ⓘ

3 ① ⓐ　② ⓘ

28 どちらがおおい (かさくらべ) ② ……〈P. 30〉

1 ① ⓐ 6　ⓘ 4　こたえ　ⓐ
② ⓐ 7　ⓘ 3　こたえ　ⓐ

2 こたえ　ⓘが　コップ　2はいぶん　おおい

3 ① こたえ　3ばいぶん
② こたえ　2はいぶん

29 どちらがひろい ① ……〈P. 31〉

1 ⓘ

2 (1) ⓐ　(2) ⓐ

3 ① ⓤ　② ⓘ

4 ⓐ 11　ⓘ 8　こたえ　ⓐ

30 どちらがひろい ② ……〈P. 32〉

1 ① 6　② 11
③ 8　④ りくさん

2 ① 9　② 8
③ 9 − 8 = 1
こたえ　まえの　こくばんが　1まいぶん ひろい

31 たしざん (くりあがり) ① ……〈P. 33〉

1 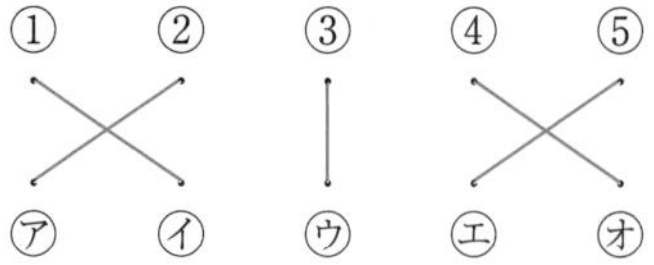

2 ① 7 + 8 = 15 (3)(5)　② 5 + 6 = 11 (5)(1)
③ 6 + 7 = 13 (4)(3)　④ 8 + 3 = 11 (2)(1)

3 ① 12　② 13
③ 11　④ 15
⑤ 14　⑥ 11
⑦ 14　⑧ 16
⑨ 17　⑩ 12
⑪ 12　⑫ 15
⑬ 11　⑭ 13
⑮ 13

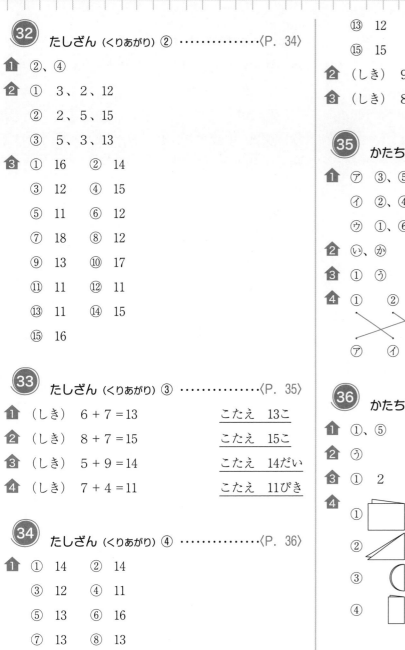

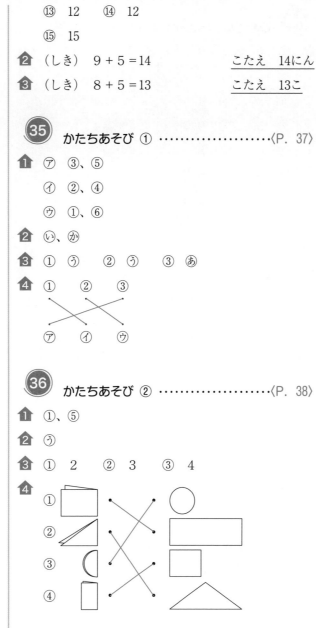

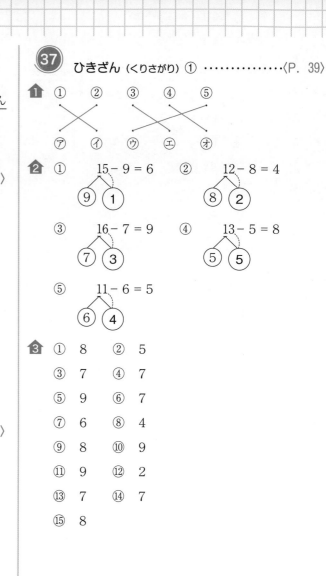

32 たしざん（くりあがり）② ……………〈P. 34〉

1 ②、④

2 ① 3、2、12
② 2、5、15
③ 5、3、13

3 ① 16　② 14
③ 12　④ 15
⑤ 11　⑥ 12
⑦ 18　⑧ 12
⑨ 13　⑩ 17
⑪ 11　⑫ 11
⑬ 11　⑭ 15
⑮ 16

33 たしざん（くりあがり）③ ……………〈P. 35〉

1 （しき） 6 + 7 = 13　こたえ 13こ

2 （しき） 8 + 7 = 15　こたえ 15こ

3 （しき） 5 + 9 = 14　こたえ 14だい

4 （しき） 7 + 4 = 11　こたえ 11ぴき

34 たしざん（くりあがり）④ ……………〈P. 36〉

1 ① 14　② 14
③ 12　④ 11
⑤ 13　⑥ 16
⑦ 13　⑧ 13
⑨ 14　⑩ 11
⑪ 11　⑫ 17
⑬ 12　⑭ 12
⑮ 15

2 （しき） 9 + 5 = 14　こたえ 14にん

3 （しき） 8 + 5 = 13　こたえ 13こ

35 かたちあそび ① ……………………〈P. 37〉

1 ㋐ ③、⑤
㋑ ②、④
㋒ ①、⑥

2 ⓘ、ⓚ

3 ① ⓤ　② ⓤ　③ ⓐ

4 ①　②　③

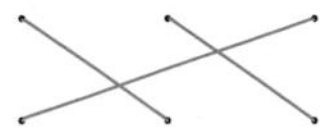

㋐　㋑　㋒

36 かたちあそび ② ……………………〈P. 38〉

1 ①、⑤

2 ⓤ

3 ① 2　② 3　③ 4

4 ①　②　③　④

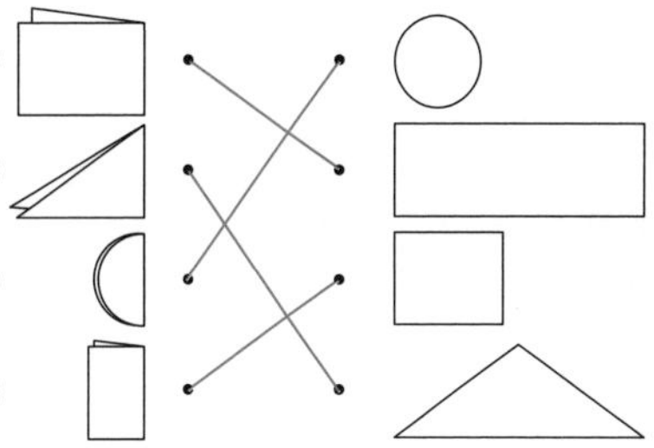

37 ひきざん（くりさがり）① ……………〈P. 39〉

1 ①　②　③　④　⑤

㋐　㋑　㋒　㋓　㋔

2 ① 15 − 9 = 6　⑨ ①
② 12 − 8 = 4　⑧ ②
③ 16 − 7 = 9　⑦ ③
④ 13 − 5 = 8　⑤ ⑤
⑤ 11 − 6 = 5　⑥ ④

3 ① 8　② 5
③ 7　④ 7
⑤ 9　⑥ 7
⑦ 6　⑧ 4
⑨ 8　⑩ 9
⑪ 9　⑫ 2
⑬ 7　⑭ 7
⑮ 8

38 ひきざん（くりさがり）② ……………〈P. 40〉

1 ㋐、㋕

2 ① 15　② 13
③ 14　④ 12
⑤ 8　⑥ 4
⑦ 8　⑧ 9

3 ① 8　② 8
③ 3　④ 3
⑤ 9　⑥ 7
⑦ 6　⑧ 9
⑨ 6　⑩ 8
⑪ 9　⑫ 7
⑬ 4　⑭ 7
⑮ 5

39 ひきざん（くりさがり）③ ……………〈P. 41〉

1 （しき）13－7＝6　こたえ　6ぴき

2 （しき）14－6＝8　こたえ　8こ

3 （しき）11－5＝6　こたえ　6ぽん

4 （しき）15－8＝7　こたえ　7こ

40 ひきざん（くりさがり）④ ……………〈P. 42〉

1 ① 9　② 5
③ 5　④ 4
⑤ 8　⑥ 4
⑦ 5　⑧ 9
⑨ 6　⑩ 8
⑪ 6　⑫ 6
⑬ 9　⑭ 9
⑮ 9

2 （しき）12－6＝6　こたえ　6ぽん

3 （しき）15－8＝7
こたえ　みつばちが　7ひき　おおい

41 おおきいかず ① ……………………〈P. 43〉

1 ① 42ほん　② 38こ

2 ① 47　② 72
③ 31　④ 62
⑤ 101

3 ① 63　② 85
③ 103　④ 130

4 ① 60、70
② 70、80
③ 64、60
④ 90、85

42 おおきいかず ② ……………………〈P. 44〉

1 ① 3　② 10
③ 22　④ 26
⑤ 29

2 ① 9　② 7、4

3 ① 3、1、2
② 3、2、1

4 ① 25　② 50
③ 43　④ 65
⑤ 26　⑥ 12
⑦ 40　⑧ 10
⑨ 30　⑩ 60

5 （しき）100－80＝20　こたえ　20えん

43 ずをつかってかんがえよう ① ………〈P. 45〉

1 （しき）7＋3＝10　こたえ　10にん

2 〈ず〉
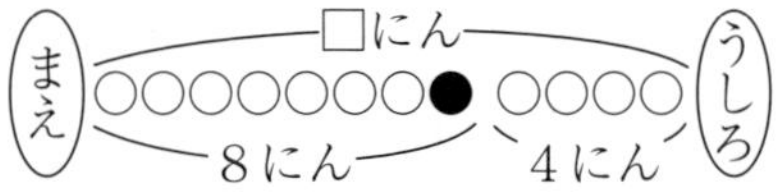

（しき）8＋4＝12　こたえ　12にん

3 〈ず〉
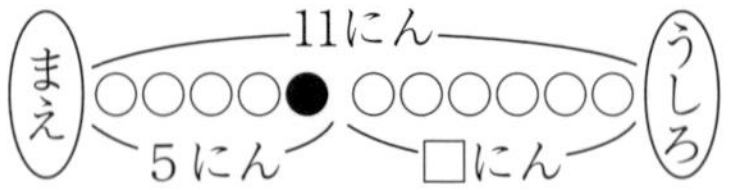

（しき）11－5＝6　こたえ　6にん

4 〈ず〉
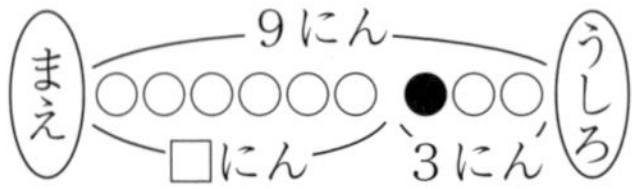

（しき）9－3＝6　こたえ　6にん

44 ずをつかってかんがえよう ② ……… 〈P. 46〉

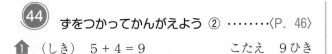

1 （しき） 5 + 4 = 9　　こたえ　9ひき

2 〈ず〉

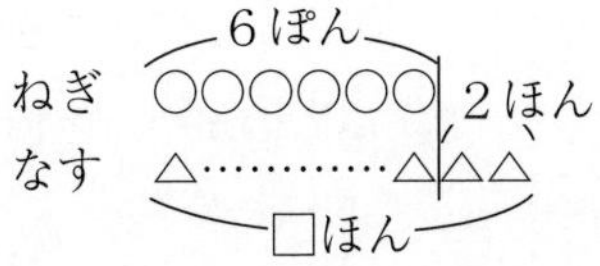

（しき） 6 + 2 = 8　　こたえ　8ぽん

3 〈ず〉

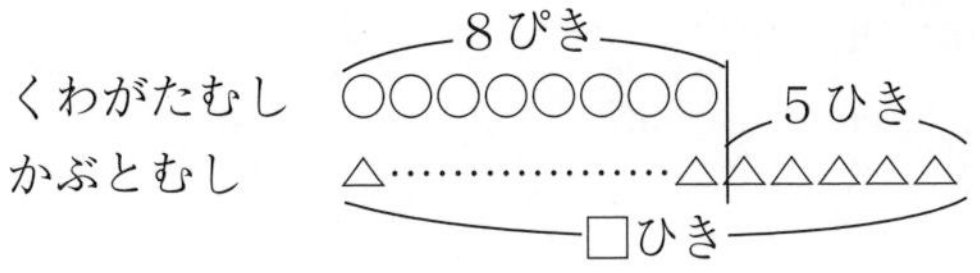

（しき） 8 + 5 = 13　　こたえ　13びき

4 〈ず〉

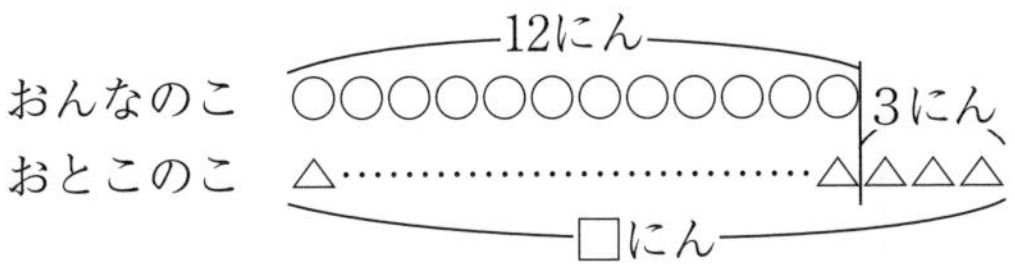

（しき） 12 + 3 = 15　　こたえ　15にん

45 ずをつかってかんがえよう ③ ……… 〈P. 47〉

1 （しき） 9 − 4 = 5　　こたえ　5ひき

2 〈ず〉

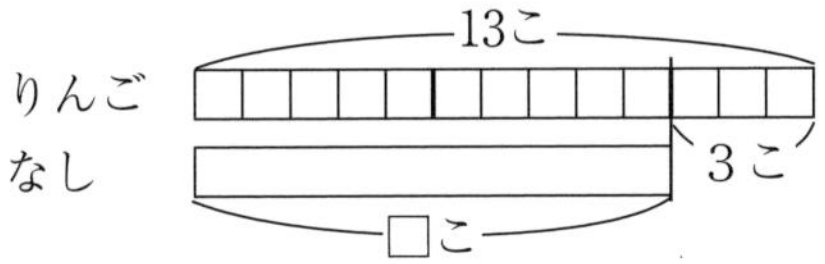

（しき） 13 − 3 = 10　　こたえ　10こ

3 〈ず〉

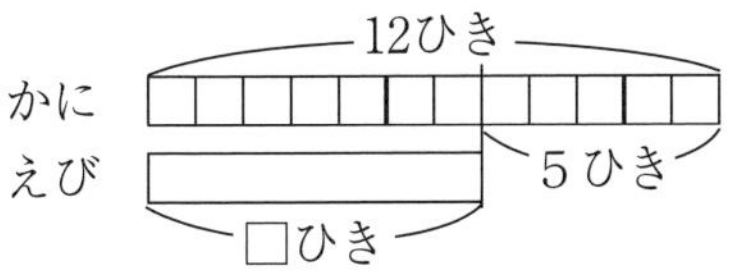

（しき） 12 − 5 = 7　　こたえ　7ひき

4 〈ず〉

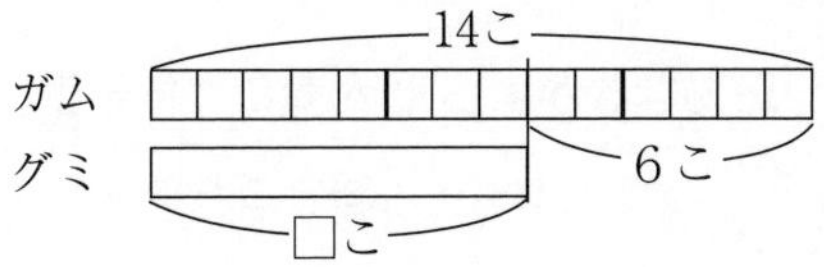

（しき） 14 − 6 = 8　　こたえ　8こ

46 ずをつかってかんがえよう ④ ……… 〈P. 48〉

1 （しき） 11 − 3 = 8　　こたえ　8こ

2 〈ず〉

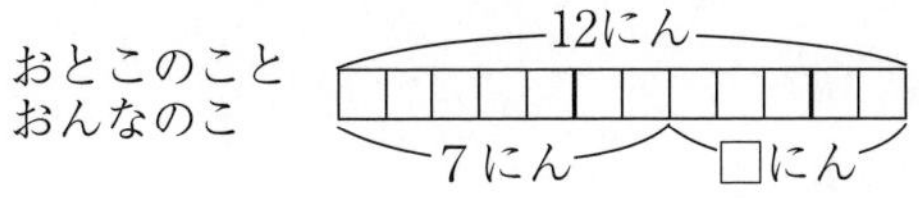

（しき） 12 − 7 = 5　　こたえ　5にん

3 〈ず〉

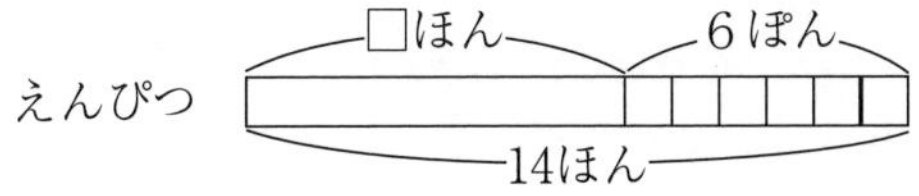

（しき） 14 − 6 = 8　　こたえ　8ぽん

4 〈ず〉

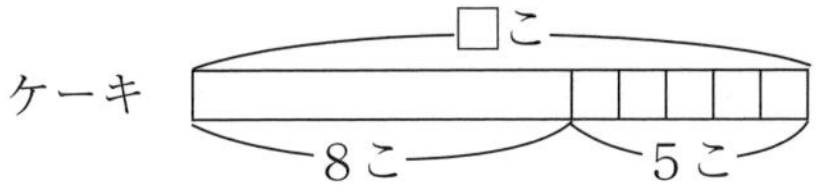

（しき） 8 + 5 = 13　　こたえ　13こ

せいかつ

1 がっこうたんけん ……〈P. 49〉

1 ㋐ ①、ほけんしつ
㋑ ④、きゅうしょくしつ
㋒ ⑤、きょうしつ
㋓ ⑥、たいいくかん
㋔ ③、としょしつ
㋕ ②、音がくしつ

2 校ていたんけん ……〈P. 50〉

1 (1) Ⓐ いけ　Ⓘ てつぼう
Ⓤ うんてい　Ⓔ 花だん
Ⓞ すなば　Ⓚ ジャングルジム
(2) 例（れい）：てつぼうのあるところ、いけのまえ　など
(3) うさぎ
(4) チューリップ、パンジー

3 あんぜんに気をつけよう ……〈P. 51〉

1
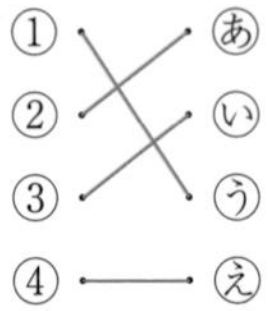

2 ① ○　② ×　③ ○　④ ×
⑤ ×　⑥ ○

4 みんななかよし げん気にくらそう ……〈P. 52〉

1 ① いただきます　② ごちそうさまでした
③ おはよう　④ さようなら
⑤ おやすみなさい

2 ①、②、③、④、⑥

5 たねをまこう ……〈P. 53〉

1 ① 大きい　② 小さい

2 あ 2　い 4　う 3　え 1

3 ①

6 花をそだてよう ……〈P. 54〉

1 あ 4　い 1　う 2　え 3

2
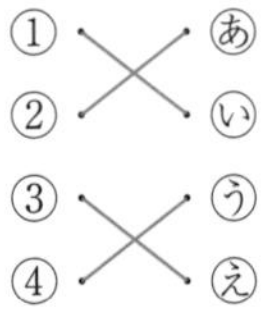

7 こうえんであそぼう ……〈P. 55〉

1 ① ジャングルジム　② ばねの　のりもの
③ すべりだい　④ ぶらんこ
⑤ すなば

2
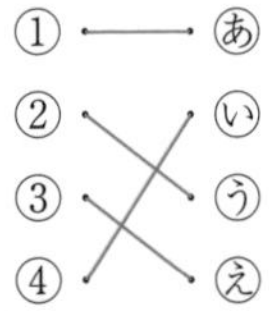

8 かんさつしよう ……〈P. 56〉

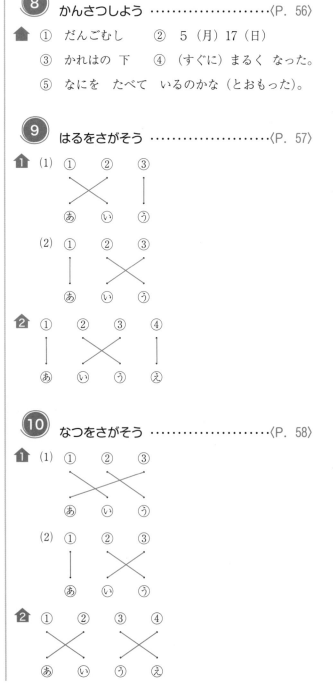

1 ① だんごむし　② 5（月）17（日）
③ かれはの 下　④（すぐに）まるく なった。
⑤ なにを　たべて　いるのかな（とおもった）。

9 はるをさがそう ……〈P. 57〉

1 (1)
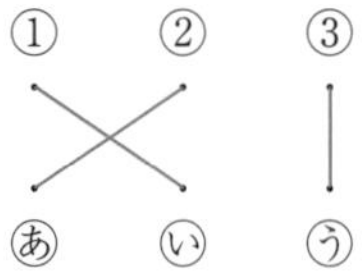

(2)
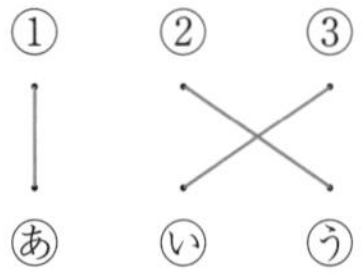

2
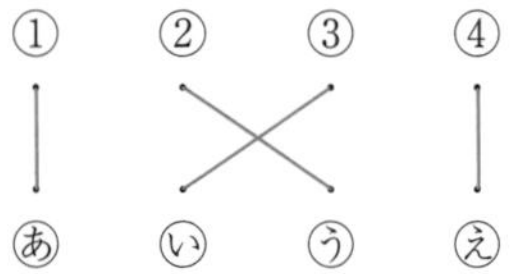

10 なつをさがそう ……〈P. 58〉

1 (1)
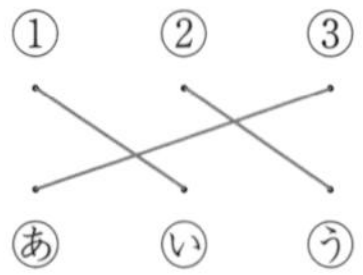

(2)
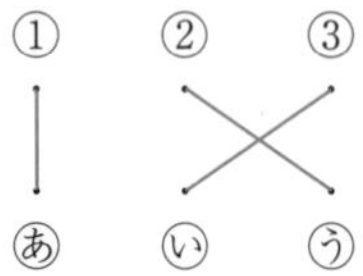

2
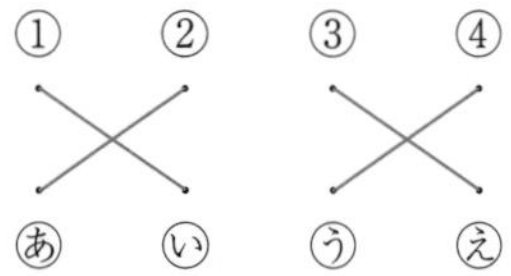

⑪ あきをさがそう ……〈P. 59〉

1 ①　②　③

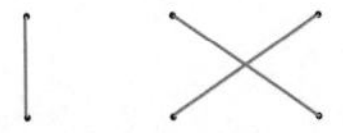

㋐　㋑　㋒

2 ①

3 ①　②　③

㋐　㋑　㋒

⑫ ふゆをさがそう ……〈P. 60〉

1 ①　②　③

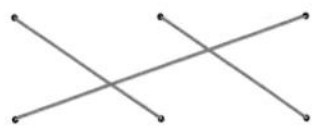

㋐　㋑　㋒

2 ①、②、④、⑥

⑬ じぶんでできるよ ……〈P. 61〉

① 早おき　② あさごはん　③ はみがき

④ きがえ　⑤ 早ね

(○をつけるのは　じゆう)

⑭ わたしがてつだうよ ……〈P. 62〉

① ごはんの ようい　② ごはんの かたづけ

③ ごみだし　④ おもちゃの かたづけ

⑤ そうじ

(○をつけるのは　じゆう)

⑮ つくってあそぼう ……〈P. 63〉

1

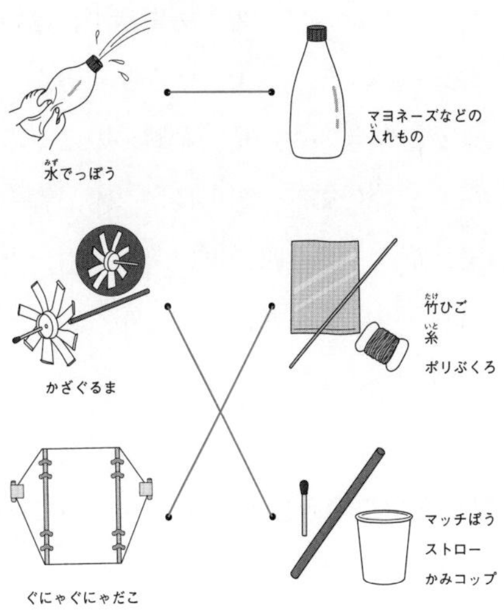

2

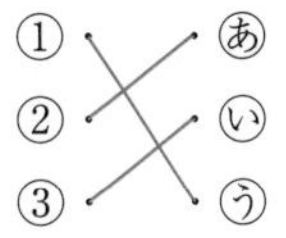

⑯ いろいろなあそびやぎょうじ ……〈P. 64〉

① たこあげ　② かるたとり　③ まめまき

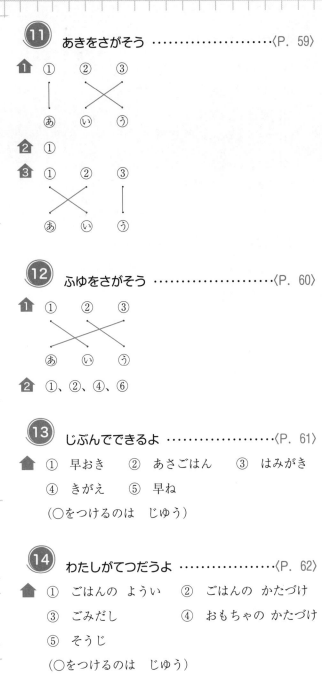

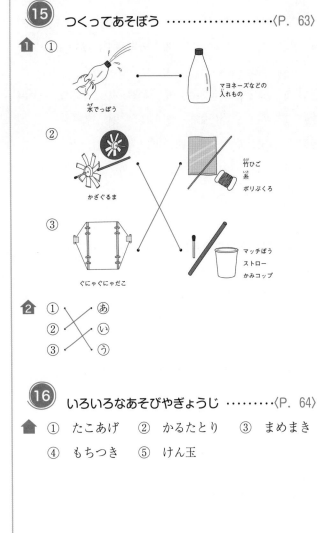

④ もちつき　⑤ けん玉

こくご

1 こうらのかたちがちがうカメ ……〈P. 65〉

(1) ゾウガメ

(2) たべものがあるところ。

(3) ① ドームがた ② くらがた

(4) ① あたまを上げなくてもたべられるから

② あたまを上げてたべるから

2 かんじ ① ……〈P. 66〉

1 ① さん、にほん（にっぽん） ② すい、した

③ かわ、はなび ④ きん、び、やす

⑤ こいぬ、う ⑥ くさ、むし

2 ① 目 ② 耳 ③ 手 ④ 足

3 ① 大、木 ② 森、林 ③ 山、赤

④ 夕日 ⑤ 円、月 ⑥ 雨、上

⑦ 青空

3 とりのくちばし ……〈P. 67〉

(1) ① とがった

② 先がまがった

③ しゃもじの

(2) ① オウム ② ヘラサギ

③ キツツキ

(3) たべもの

4 かんじ ② ……〈P. 68〉

1 ① だい、おん ② あまみず、はい

③ あ、みっ ④ ゆうひ、あか

⑤ まる、つき ⑥ あお、いとぐるま

2 ① 左 ② 文 ③ 貝 ④ 青

3 ① 田、草 ② 四、虫 ③ 六、犬

④ 出 ⑤ 九、玉 ⑥ 男、一名

⑦ 千円

5 フラミンゴの赤ちゃん ……〈P. 69〉

(1) 一か月ほど

(2) ① 入ります（入る）

② まげます（まげる）

(3) はいいろや白いろ

(4) ① フラミンゴ（ミルク） ② 口の先

③ まっ赤

(5) ピンクいろ

(6) 出ます（出る）。

6 ひらがなとかたかな ……〈P. 70〉

1 ① せっけん ② がっこう

③ べんきょう ④ ちょうちょ

⑤ きんぎょ ⑥ じゃんけん

2 ① ㋑ ② ㋐ ③ ㋑ ④ ㋐

3 ① パジャマ ② ジャム ③ コップ

④ ジュース

7 コアラの赤ちゃん ……〈P. 71〉

(1) 一円玉

(2) 口、まえ足

(3) まえ足、ツメ

(4) ふくろの中

(5) におい

(6) 六か月

8 かんじ ③ ……〈P. 72〉

1 ① しら、こびと ② もり、おお

③ せんせい、た ④ はや

⑤ くうき、はい

2 ① 休 ② 空 ③ 草 ④ 校

3 ① 青、竹 ② 白、石 ③ 小、犬

④ 王女 ⑤ 貝、耳 ⑥ 糸車

⑦ 力、入

9 はたらきあり ……〈P. 73〉

(1) はたらきあり

(2) よわっているばった

(3) （大いそぎで）すあなにもどっていきました。

(4) （つぎつぎとその）ばったにかみついていきました。

(5) ばった

(6) はこびやすいようにするため。

10 かんじ ④ ……〈P. 74〉

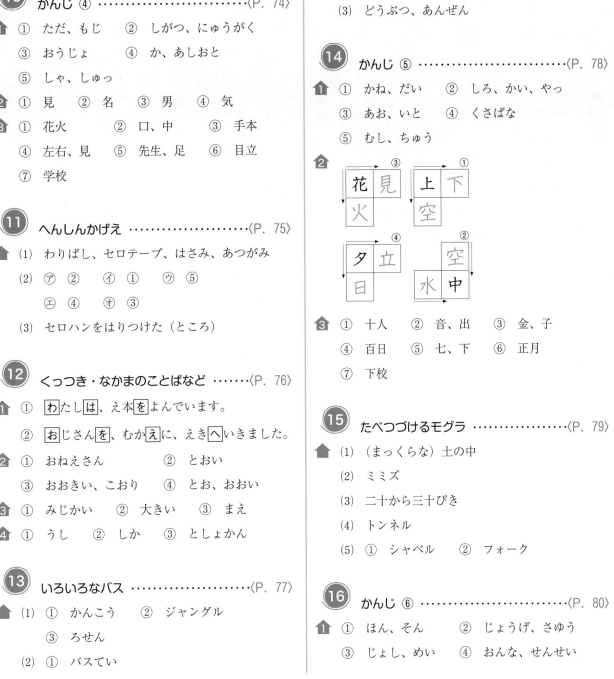

1 ① ただ、もじ　② しがつ、にゅうがく
③ おうじょ　④ か、あしおと
⑤ しゃ、しゅっ

2 ① 見　② 名　③ 男　④ 気

3 ① 花火　② 口、中　③ 手本
④ 左右、見　⑤ 先生、足　⑥ 目立
⑦ 学校

11 へんしんかげえ ……〈P. 75〉

1 (1) わりばし、セロテープ、はさみ、あつがみ
(2) ㋐ ②　㋑ ①　㋒ ⑤
㋓ ④　㋔ ③
(3) セロハンをはりつけた（ところ）

12 くっつき・なかまのことばなど ……〈P. 76〉

1 ① [わ]たし[は]、え本[を]よんでいます。
② [お]じさん[を]、むか[え]に、えき[へ]いきました。

2 ① おねえさん　② とおい
③ おおきい、こおり　④ とお、おおい

3 ① みじかい　② 大きい　③ まえ

4 ① うし　② しか　③ としょかん

13 いろいろなバス ……〈P. 77〉

1 (1) ① かんこう　② ジャングル
③ ろせん
(2) ① バスてい
② けしきがとてもよく見える（ところ）。
(3) どうぶつ、あんぜん

14 かんじ ⑤ ……〈P. 78〉

1 ① かね、だい　② しろ、かい、やっ
③ あお、いと　④ くさばな
⑤ むし、ちゅう

2
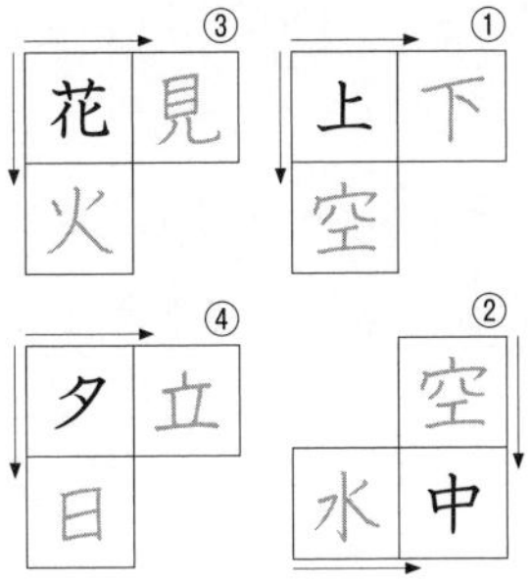

3 ① 十人　② 音、出　③ 金、子
④ 百日　⑤ 七、下　⑥ 正月
⑦ 下校

15 たべつづけるモグラ ……〈P. 79〉

1 (1) （まっくらな）土の中
(2) ミミズ
(3) 二十から三十ぴき
(4) トンネル
(5) ① シャベル　② フォーク

16 かんじ ⑥ ……〈P. 80〉

1 ① ほん、そん　② じょうげ、さゆう
③ じょし、めい　④ おんな、せんせい
⑤ さん、め　⑥ まち、てんき

2 ① 山　② 月　③ 雨　④ 日

3 ① 花、生　② 山、下　③ 生、十
④ 字、学　⑤ 土、休　⑥ 年下、人
⑦ 貝、見

17 どうぶつのはのかたち ……〈P. 81〉

1 (1) なぜ、どうぶつには～あるのでしょうか。（1、2ぎょう目）
(2) ① キリン　② パンダ　③ ライオン
(3) クマ
(4) ① にく　② 竹
(5) たべもの

18 ことばと文 ① ……〈P. 82〉

1 (1) ① りっぱ
② （うまく）バランスをとります。
③ パラシュート
(2) ① よう子さん
② え本、よんで
③ おもしろい

19 あし ……〈P. 83〉

1 (1) ① まどのところ　② ひるね
(2) くしゃみ
(3) あとあし
(4) しびれていたから。
(5) （だれかに）ぬすまれてしまった。

20 かんじ ⑦ ……〈P. 84〉

1 ① ちい、いし、ひと
② おおあめ、ふつか
③ がっこう、やす
④ しょうがつ、としだま
⑤ せんえん、だ
⑥ じゅうがつ、とおか

2 ① 目　② 手　③ 耳　④ 口

3 ① 川、水　② 先生　③ 早足
④ 天気　⑤ 七五三　⑥ 町、村
⑦ 女子、人気

21 一年生たちとひよめ ① ……〈P. 85〉

1 (1) 学校
(2) 大きないけ
(3) ひよめ
(4) だんご
(5) （あたまからぷくりと）水の中にもぐりました。
(6) 学校へいくのにだんごなどもっている子はいないから。

22 かんじ ⑧ ……〈P. 86〉

1 ① まち、ちから
② つち、いし
③ むら、ここの
④ あおぞら、みあ
⑤ いとぐるま

2 ① 火　② 水　③ 木　④ 金

3 ① 二年生　② 学校、休　③ 正、文
④ 耳、貝　⑤ 男子　⑥ 十月十日
⑦ 大、王子

23 一年生たちとひよめ ② ……〈P. 87〉

1 (1) （いつものくせで）うたいはじめました。
(2) だんごやるに、くぐれ
(3) やらない
(4) いせいよくくるりと水をくぐりました。
(5) 一年生たちによびかけられるのがうれしいから。

24 ことばと文 ② ……〈P. 88〉

1 ① かく　② 一年生　③ おいしい
④ おかあさん、かう

2 ① この　② どの　③ あの

3 ① ㋑　② ㋐

25 まとめ：コアラの足 ……〈P. 89〉

1 (1) 木の上
(2) うしろ足
(3) えだをつかみやすい（ところ）。
(4) スパイク

2 ② 三、びき　③ 八、こ
④ 五、にん（人）　⑤ 四、だい

26 まとめ：ヤモリの足 ……〈P. 90〉

1 (1) いえをまもる
(2) かべ、天じょう、はりつくことができる
(3) こまかいけ

2 ① かお　② くび　③ むね
④ あたま　⑤ うで　⑥ あし

3 ① 足音　② 口出

27 まとめ：どうぶつのみのまもりかた ……〈P. 91〉

1 (1) ① スカンク　② ヤマネ
③ アルマジロ
(2) ② トカゲ　③ だんご虫

2 ① のばします。　② みじかいです。

28 まとめ：かぞくをだいじにするアイアイ ……〈P. 92〉

1 (1) ヤシのみ
(2) ① かじる
② 中ゆび
(3) おかあさん
(4) アイアイ

2 ① やわらかい　② つめたい　③ おもい

3 ① 一生　② 男子

29 まとめ：どうぐをつかうとり ………〈P. 93〉

1 (1) 小えだ

(2) 虫のうごく音

(3) ① 入れる

② キツツキ

③ ひきよせて

(4) ちょうどいいながさにけずる

2 犬[は]、ももたろ[う]のおとも[を]して、しま[へ]出かけました。

3 ① 学生 ② 本気

30 まとめ：たねはどこにいくの ………〈P. 94〉

1 (1) わたげ

(2) ひっつきむし

(3) ㋐ かぜ

㋑ どうぶつ

(4) とおいところ

2 ① 木 ② ボール

3 ① 草、花 ② 早口

31 まとめ：フンころがしの名人 ………〈P. 95〉

1 (1) ウシ、ヒツジ（ヒツジ、ウシ）

(2) まきば

(3) ① ころがす

② たべる

③ うむ

(4) 草のえいようにもなる。

2 じゅうす → ジュース

てれび → テレビ

さっかあ → サッカー

3 ① 百円玉 ② 上下

32 まとめ：シマリスのふゆじゅんび ……〈P. 96〉

1 (1) ① ドングリ ② おちば

(2) ① つめこみます

② たたん

(3) すあな

(4) 一しゅうかんに一ど

2 ① ひだり ② きた ③ きのう

3 ① 左右、見 ② 目、立

おまけ

かん字の　クロスワード

ひらがなを　かん字（じ）に　して、クロスワードを
かんせいさせよう。

㋐	㋐（たて）	
	㋑	㋑（たて）

	㋒	

よこ

㋐　すいしゃ………みずぐるま

㋑　ちゅうがく……ちゅうがっこう

㋒　だいみょう……とのさま

たて

㋐　しゃちゅう……くるま（のりもの）のなか

㋑　がっこうめい…がっこうのなまえ

★こたえは、111ページ

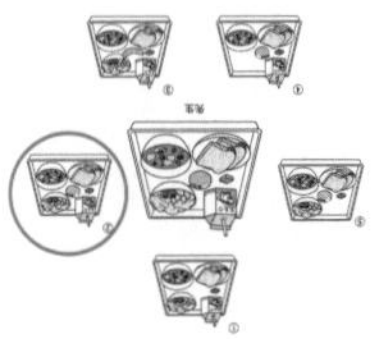

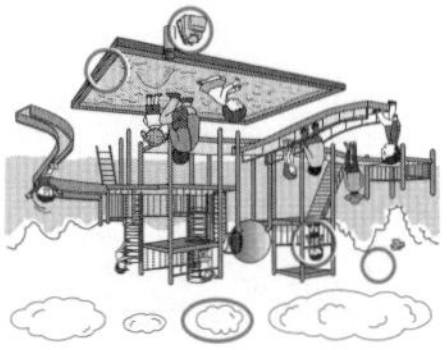

（P.111 こたえ）

もようを　つくろう！

いろがみと　はさみを　よういしてね。

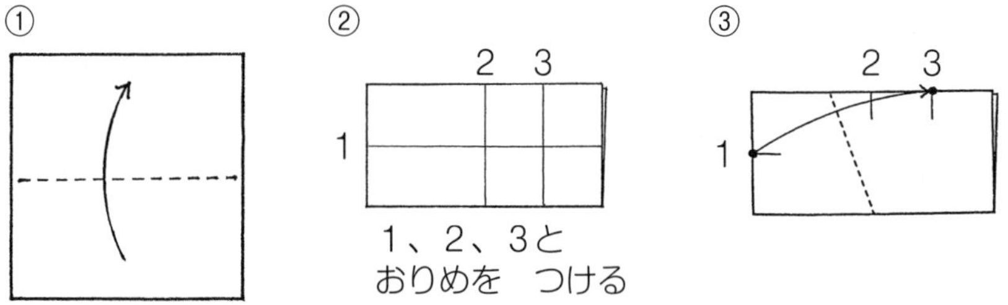

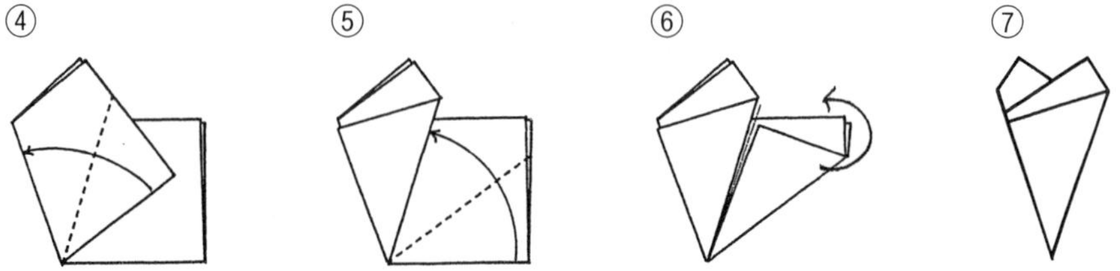

赤（あか）い　せんを　きると…

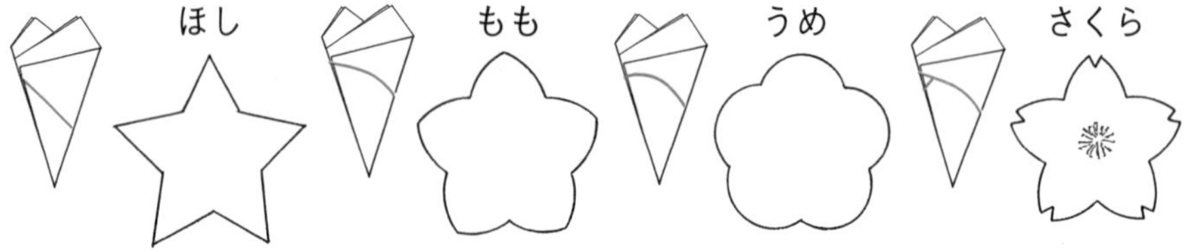

が、できるよ

まちがいさがし

上(うえ)と　下(した)の　えは、ちがうところが　5つあるよ。ちがいを　見(み)つけて、上の　えに　○を　してね。

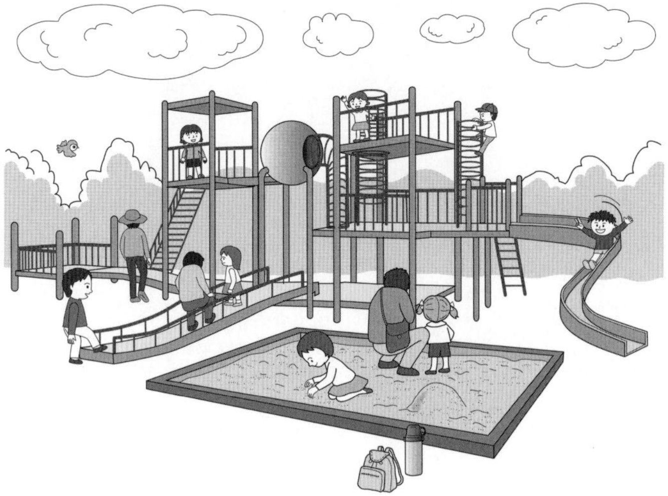

おなじえはどれかな？

先生(せんせい)と　おなじ　きゅうしょくの　えは　どれかな？　えに　○を　つけよう。

先生

★こたえは、110ページ

(P.110 こたえ) ㋐ 水車　㋑ 中学　㋒ 大名　[ア] 車中　[イ] 学校名

要点チェック！全科ノート　小学1年生

2015年12月20日　初　版　第1刷発行
2021年1月20日　改訂版　第1刷発行
2023年4月10日　　　　　第2刷発行

著　者　宮崎彰嗣
　　　　馬場田裕康

発行者　面屋　洋

企　画　清風堂書店

発行所　フォーラム・A

〒530-0056　大阪市北区兎我野町15-13
TEL 06（6365）5606
FAX 06（6365）5607
振替 00970-3-127184
http://www.foruma.co.jp/

制作編集担当・田邉光喜　樫内真名生

表紙デザイン・ウエナカデザイン事務所
印刷・㈱関西共同印刷所／製本・㈱高廣製本